dtv
Reihe Hanser

Das Geheimnis der Dynastien, die fünf Namen des Pharaos, eine Pyramide, ein Labor für die Ewigkeit – von all diesen geheimnisvollen Dingen erfahren Susanne und Isidor hautnah auf ihrer Reise, während sie das Land genauer kennenlernen. Eine faszinierende Sacherzählung über das Leben im alten Ägypten und die Herrschaft der Pharaonen.

Christian Jacq, 1947 geboren, lebt in Paris und ist Professor der Ägyptologie. Über sein Fachgebiet schrieb er viele Romane. Zu seinen größten Erfolgen zählt die Romanserie ›Ramses‹, mit der er in Europa monatelang auf den Bestsellerlisten stand. Die Pharaonen ist sein erstes Jugendbuch und wurde bereits in viele Sprachen übersetzt.

Die Pharaonen

erzählt von Christian Jacq

*Aus dem Französischen
von Phoebe Lesch*

Deutscher Taschenbuch Verlag

Ungekürzte Ausgabe
In neuer Rechtschreibung
November 2000
Deutscher Taschenbuch Verlag GmbH & Co. KG,
München
www.dtv.de
© 1996 Librairie Académique Perrin
Titel der Originalausgabe:
›Les Pharaons racontés par Christian Jacq‹
© 1998 der deutschsprachigen Ausgabe:
Carl Hanser Verlag, München · Wien
Umschlaggestaltung: Unter Verwendung
eines Aquarells von David Roberts: Hypostylhalle
des Isis-Tempels auf Philae
Satz: Meike Harms, München
Druck und Bindung: Georg Appl, Wemding
Gedruckt auf säurefreiem, chlorfrei gebleichtem Papier
Printed in Germany · ISBN 3-423-62053-6

Für meine Reisebegleiter
Susanne und Isidor
und alle anderen,
die neugierig darauf sind,
das alte Ägypten zu
entdecken.

AUF DEN SPUREN DER PHARAONEN

Große Pyramiden, riesige Tempel, Kolossalstatuen, die zugleich streng und freundlich erscheinen, Bilder, die so bunt und frisch aussehen, als seien sie gestern erst fertig gestellt worden, geheimnisvolle Gräber, das Tal der Könige, all das und noch viel mehr ist Ägypten. Ein Land, das uns fasziniert und bezaubert, sind doch in seiner mehr als dreitausend Jahre langen Geschichte unvergleichlich viele Meisterwerke entstanden. Die Schöpfer dieser Wunderwerke, dieser so reichen und spannenden Zivilisation, waren Könige, die man »Pharaonen« nennt. Die Pharaonen waren so mächtig, dass sie das Ansehen von Göttern hatten. Das macht sie so besonders interessant.

Ich habe einmal Schülern der Mittelstufe über Ägypten erzählen dürfen; daraus entwickelte sich ein Gespräch, das viele Fragen aufwarf, und so entstand die Idee zu diesem Buch, in dem ich viele der gestellten Fragen beantworte. Übernommen habe ich auch die Form des Gesprächs, denn auf meiner Reise nach Ägypten begleiten mich zwei junge Freunde, Susanne und Isidor.

Susanne wohnt in einem Dorf in der Provence. Naturwissenschaften und Geschichte sind ihre Lieblingsfächer. Ihr Name ist ägyptischen Ursprungs und bedeutet »Lotusblume«. Isidor dagegen stammt aus dem Norden Frankreichs; seine Eltern haben ihm einen seltenen Vornamen gegeben, in Erinnerung an einen Urgroßvater. Sie ahnten nicht, dass Isidor auch ein ägyptischer Name ist und »Geschenk der Isis« bedeutet, nach der großen Göttin, die das Geheimnis des ewigen Lebens kennt. Meinen beiden jungen Reisegefährten war es also gleichsam in die Wiege gelegt, eines Tages das Land der Pharaonen kennen zu lernen.

AUF DASS DIE GÖTTIN UNS DEN WEG WEISE
Die schöne Göttin Serket mit den schützend ausgebreiteten Armen und dem Skorpion auf dem Kopf hatte die Aufgabe, enge Durchgänge, wie zum Beispiel die Luftröhre des Menschen, zu erweitern, damit er frei atmen konnte.

DAS LAND DER PHARAONEN

Nachdem das Flugzeug das Nildelta fast überflogen hatte, setzte es über Kairo zur Landung an. Susanne und Isidor, die zum ersten Mal nach Ägypten kamen, sahen neugierig aus dem Fenster. Es war ein schöner Frühlingstag.

– Das Delta ist ja ganz grün! Da sind ja Felder und Bäume!, rief Susanne begeistert.

– Aber da drüben ist Wüste, warf Isidor nüchtern ein.

– Ägypten besteht wirklich aus »zwei Ländern«: Im Norden befindet sich das Nildelta, das wie eine Lotusblume aussieht; im Süden das Niltal, das zwischen zwei Wüsten liegt. Die Ägypter nannten ihre Heimat deshalb oft einfach die »Beiden Länder«.

Ober- und Unterägypten oder die »Beiden Länder«

Wie groß ist denn das Delta eigentlich?, fragte Susanne.

–Ungefähr 150 Kilometer lang und 200 Kilometer breit, also insgesamt 30 000 km².

Kairo, die heutige Hauptstadt, liegt in der Nähe von Memphis, der ursprünglichen Hauptstadt der Pharaonen. Memphis nannte man auch »Die Waage der Beiden Länder«, weil es an der Stelle lag, wo das Delta (Unterägypten) in das Niltal (Oberägypten) übergeht.

– Und wie lang ist das Tal?, fragte Isidor.

– Von Kairo bis Assuan, der Stadt, die in der Nähe des ersten Wasserfalls gebaut wurde, sind es 900 Kilometer. Aber das Tal ist nicht sehr breit: maximal 20 Kilometer. Auf beiden Sei-

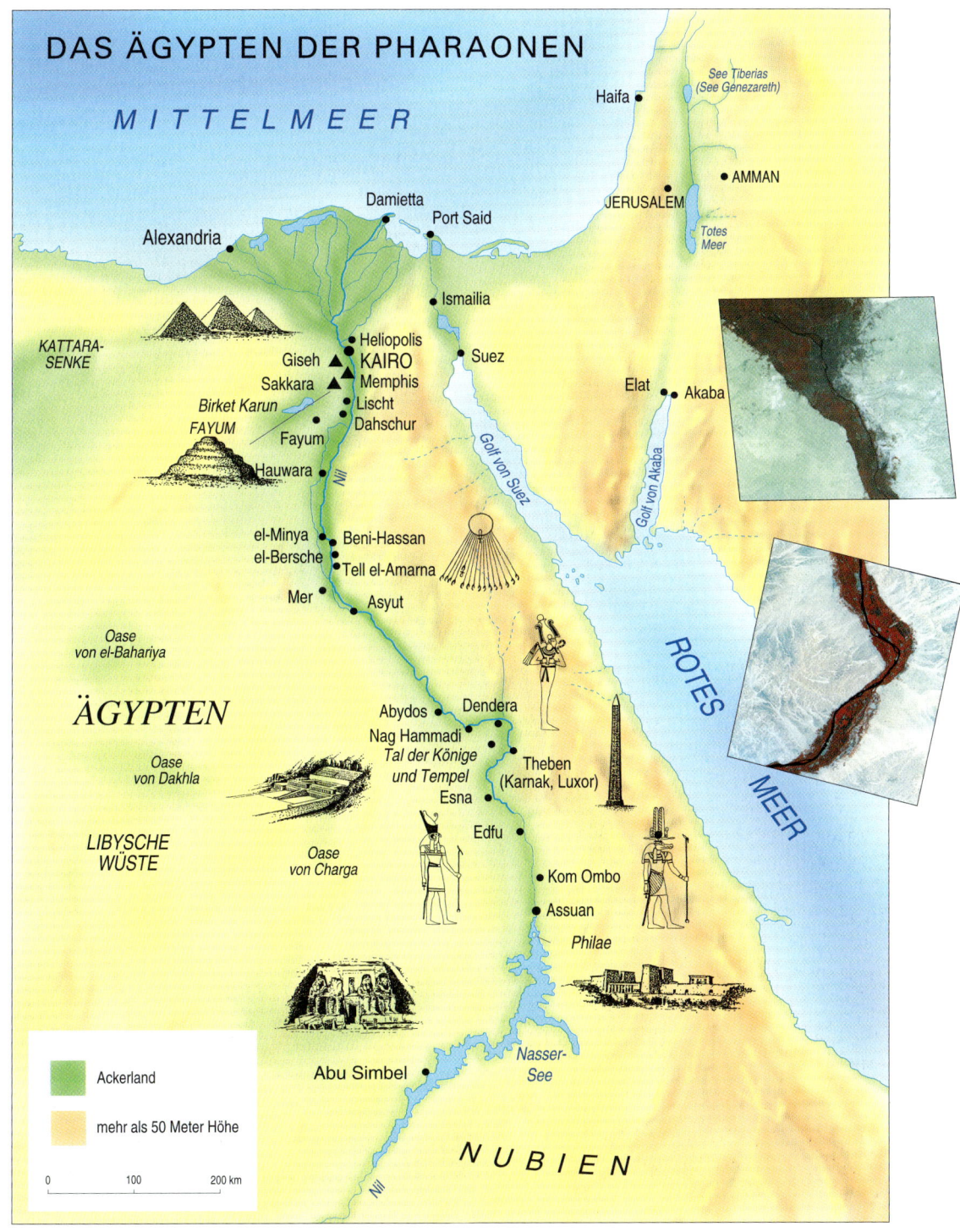

DAS ÄGYPTEN DER PHARAONEN

MITTELMEER

KATTARA-
SENKE

FAYUM

Birket Karun

ÄGYPTEN

*Oase
von el-Bahariya*

*Oase
von Dakhla*

LIBYSCHE
WÜSTE

*Oase
von Charga*

Alexandria

Damietta
Port Said

Ismailia

Heliopolis
KAIRO
Giseh
Sakkara
Memphis
Lischt
Dahschur

Fayum

Hauwara

el-Minya
el-Bersche
Mer

Beni-Hassan
Tell el-Amarna
Asyut

Abydos
Nag Hammadi
*Tal der Könige
und Tempel*
Esna

Dendera

Theben
(Karnak, Luxor)

Edfu

Kom Ombo
Assuan

Philae

Abu Simbel

*Nasser-
See*

NUBIEN

Haifa

*See Tiberias
(See Genezareth)*

AMMAN

JERUSALEM

*Totes
Meer*

Suez

Elat
Akaba

Nil

Golf von Suez

Golf von Akaba

ROTES

MEER

Ackerland

mehr als 50 Meter Höhe

0   100   200 km

Nil

DAS WUNDER
ÄGYPTEN
Von der Sonne
verbrannte Berge,
die Wüste und,
unvermittelt,
Felder und Palmen-
wälder, so sah es im
Land der Pharaonen
aus: ein Land aus
Wasser und Feuer,
eine lichtdurch-
flutete, von der
Sonne beherrschte
Welt.

ten des Nils liegt ein schmaler Streifen Ackerland; danach kommt nur noch Wüste.

– Der Wasserfall, ist der so ähnlich wie die Niagarafälle?

– Nein, der ägyptische Wasserfall, der Katarakt genannt wird, besteht aus einer Ansammlung großer Felsen im Nil, die zu gewissen Jahreszeiten die Schifffahrt stören.

Susanne versuchte, sich an das zu erinnern, was sie in der Schule gelernt hatte, und zeichnete angestrengt eine Karte Ägyptens in das Notizbuch, das sie mitgebracht hatte.

– So sieht das Land der Pharaonen aus, stimmt's?

Eine riesige, von Wüste umgebene Oase

FLÖTE UND SICHEL
Auf dieser Wand der
Mastaba von Mere-
ruka in Sakkara
schneiden zwei
Bauern den Weizen
mit einer Sichel,
wobei ein Musiker
sie auf der Flöte
begleitet.

– Im Norden liegt das Mittelmeer; im Süden Nubien, das heute unter dem Wasser des Nasser-Sees verschwunden ist; im Westen die libysche und im Osten die arabische Wüste. Einen Schwachpunkt bildet der nordöstliche, nach Palästina, Syrien und Asien hin offene Zugang. Wir werden sehen, dass er vor Invasionen kaum geschützt war. Ägypten ist also gewissermaßen eine riesige, von Wüste umgebene Oase. Auf ägyptischem Gebiet selbst gibt es aber auch eine Kette von Oasen, und zwar in der westlichen Wüste. Die dort gelegenen unterirdischen Trinkwasservorräte hatten den alten Ägyptern geholfen, aus dieser Gegend reiches Ackerland zu machen; sie bauten dort vor allem Wein an, dessen Qualität überall bekannt war.

– Kann man also sagen, dass das Ägypten der Pharaonen reich war?, fragte Susanne.

– Die »schwarze Erde«, das heißt der Bereich, auf dem man Ackerbau betreiben konnte, brachte große Erträge. Das Land verfügte außerdem über eine durchorganisierte Landwirt-schaft, und auch der Handel blühte. Ja, das Ägypten der Pha-raonen war wirklich ein sehr rei-ches Land. Aber damit sein Wohl-stand nicht von kurzer Dauer war, musste der Pharao Ober- und Unterägypten fest mitei-nander verbinden.

Der Pharao vereint die beiden Länder

»Der Pharao erleuchtete die bei-den Länder, machte sie fröhlich und vereinte sie in Frieden«, geht aus alten Texten hervor. Über Unterägypten herrschte Horus, der Falkengott, über Ober-ägypten sein Bruder Seth, dessen Kopf merkwürdig und wenig Vertrauen erweckend aussieht und einem Tapir oder einem Hund ähnelt. Horus war für den weiten Himmel, Seth für das Gewitter und die störenden Elemente im Universum zuständig; beide Brüder lagen ständig im Streit um die Herr-

DAS HEILIGE BAND ZWISCHEN DEN VERFEINDE-TEN BRÜDERN
Horus mit dem Falkenkopf, Herr-scher über Unter-ägypten, und Seth mit dem Hundekopf, Herrscher über Oberägypten, schließen Frieden und vereinigen die beiden Länder unter der Autorität des Pharaos.

schaft über das Land. Der Pharao hatte die Pflicht, sie zu ver-
söhnen und der Dritte im Bunde zu sein, der die Gegensätze
ausglich. Denn waren die beiden Länder getrennt, standen
sie also im Gegensatz zueinander, so kamen Unglück und
Unordnung über das ägyptische Volk.

ALS DER NIL NOCH ZUM MEER WURDE
Nur auf Fotos ist dieses außergewöhn- liche Schauspiel noch zu sehen, denn seit der Erbauung des Assuan-Staudamms gibt es die Nilflut nicht mehr, auf die die alten Ägypter immer sehnlichst warteten, weil sie die Felder über- schwemmte und fruchtbar machte.

Der Pharao und das Nilhochwasser

Unser erster Ausflug galt dem nährenden Vater Ägyptens, dem Nil.
– Der Nil ist der längste Fluss der Welt. In Kairo ist
er breit und majestätisch. Nachdem er 6500 Kilometer zu-
rückgelegt hat, beginnt er, sich zu verästeln; jeder Flussarm
bewässert das Delta.
– Ist der Nil denn der einzige Fluss Ägyptens?, unterbrach
mich Isidor.
– Ja. Und er allein hält eigentlich das ganze Land am Leben.
Vor dem Bau der beiden Staudämme von Assuan[1] gab es ein
Phänomen, das einzigartig auf der Welt war: ein alle Jahre
wiederkehrendes Hochwasser, das Ägypten fruchtbar mach-

[1] Der erste 1962, der zweite 1970

te. Ab Juni schwoll das Nilwasser regelmäßig an und stieg und stieg, manchmal mehr als sieben Meter hoch, und verwandelte das Land in einen riesigen See. Deshalb wurden die Dörfer auch immer auf Hügeln gebaut. Im September zog sich der Fluss dann wieder zurück und hinterließ Schlamm, den die Bauern von Ochsen, Schweinen und Eseln in den Boden stampfen ließen. Dieses wohltuende und unersetzliche Hochwasser wurde von den Ägyptern Hapi genannt. Hapi wurde als dicklicher Mann mit großer Brust dargestellt, da er die Fruchtbarkeit symbolisierte.

– Heißt das, dass es heute kein Hochwasser mehr gibt?, fragte Susanne.

– Doch, aber Ägypten hat nichts mehr davon. Der Schlamm sammelt sich nämlich vor dem Assuan-Staudamm, lagert sich im Nasser-See ab und zersetzt sich dort. Die Pharaonen hatten sich stets davor gehütet, solch einen schrecklichen Fehler zu begehen und stattdessen ein System aus Dämmen, Kanälen, Becken und Reservoirs angelegt, das das Wasser zurückhielt und nach Bedarf verteilte, bis zum nächsten Hochwasser. Wisst ihr, dass man glaubte, der Pharao sei für das Hochwasser verantwortlich?

– So wie die Indianer, die den Regen machen?

Der Wohltäter Hapi

– Der Pharao musste Hapi, der versteckten Macht des Flusses, viele Opfer bringen, damit das Wasser zum rechten Zeitpunkt anstieg. Dank der Opfer des Pharaos gedieh die Landwirtschaft und »waren die Speicher mit unzähligen Körnern gefüllt, so viele wie Sandkörner sind am Ufer des Flusses«. War das Hochwasser zu schwach, musste wieder der Pharao eingreifen. Um Hungersnöten zu entgehen, ließ er in weiser Voraussicht für schwierige Zeiten Nahrungsvorräte anlegen und bei Bedarf verteilen.

– Dann war er für die Leute eine Art Zauberer, sagte Isidor.

– Ja, aber in Wirklichkeit beherrschte er keine Zaubertricks! Seine Magie bestand darin, die Gesetzmäßigkeiten und Geheimnisse der Natur zu kennen, sie zu respektieren und mit ihr in Harmonie zu leben.

Isidors Blick fiel auf eine Feluke, einen großen, anmutig über das Wasser gleitenden Kahn, dessen hohes, weißes Segel im Wind flatterte.

– Sind die Leute damals schon viel auf dem Nil gereist?

– Der Nil war die natürliche Autobahn Ägyptens. Stell dir hunderte von Booten vor, vom kleinen Segelboot bis hin zu riesigen Frachtern, die mehrere Tonnen schwere Obelisken und Steine transportierten. Die Schifffahrt fand übrigens in beide Richtungen statt: von Süden nach Norden, dank einer sehr starken Strömung, und von Norden nach Süden, dank guter Winde. Obwohl sie das Rad kannten, haben die alten Ägypter den Großteil ihrer Transporte und Reisen stets auf den Nil verlegt.

Still betrachteten Susanne und Isidor den Gottesfluss. Ich war mir sicher, dass sie das Licht und die Magie dieser großzügigen Mutter Ägyptens zu begreifen begannen, deren unvergessliche Söhne die Pharaonen waren.

Das Geheimnis der Dynastien

Still und staunend gingen Susanne und Isidor mit mir durch die Säle des Ägyptischen Museums in Kairo. So viele Statuen, Stelen, Sarkophage, Reliefs … und überall diese seltsamen Zeichen, die Hieroglyphen!
Susanne zeichnete einige davon in ihr Notizbuch.

– Was soll man denn aus diesen Zeichen lesen? Nachrichten wie in der Zeitung?

– Wenn man sie viele Jahre studiert hat, kann man diese Hieroglyphen, die uns nur wie eine Ansammlung von Zeichnungen erscheinen, in der Tat richtig lesen. Der Franzose Jean-François Champollion hat die Hieroglyphen 1822 entziffert. Er lieferte uns damit einen wichtigen Schlüssel zum Verständnis des pharaonischen Ägypten, und wir können nun tausende von Texten lesen, die auf Monumenten und Papyrusblättern stehen.

– Dann haben die Ägypter sicher auch die Geschichte ihrer Pharaonen aufgeschrieben?, vermutete Susanne.

– So kann man das nicht sagen, denn in Ägypten gab es eigentlich keine Geschichtsschreiber, wie etwa in Griechenland oder in Rom. Was die Hieroglyphen erzählen, handelt von Ritualen, Legenden, Gottheiten und nur sehr selten von historischen Begebenheiten.

– Nicht ein einziger Geschichtsschreiber? Aber woher weiß man dann von den Pharaonen?, fragte Isidor verwundert.

– Weil es eben doch einen gegeben hat: Er hieß Manetho, lebte im 3. Jahrhundert v. Chr. und war Hohepriester der heiligen Stadt Heliopolis, der Stadt der Sonne. Manetho sah sich die Vergangenheit seines Landes an und erkannte, dass niemand bis dahin daran gedacht hatte, die Geschichte der Pharaonen aufzuschreiben. Da er außerdem über viele Archive verfügte, machte er sich an die Arbeit. Sein Buch ist leider verschollen. Nur ein paar Ausschnitte daraus sind bekannt, weil sie von den Autoren der Antike zitiert wurden. Aber wir wissen, dass er die Geschichte Ägyptens in dreißig Dynastien aufgeteilt hat.

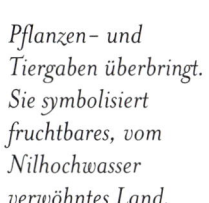

NAHRUNG IM ÜBERFLUSS Im herrlichen Grab von Ramses III. (Tal der Könige) ist eine Männergestalt dargestellt, die reiche Pflanzen- und Tiergaben überbringt. Sie symbolisiert fruchtbares, vom Nilhochwasser verwöhntes Land.

*Porträt von
Jean–François Champollion*

*Der Stein von Rosetta mit
seinen drei Schriften wird im
British Museum in London
aufbewahrt.*

Champollion entdeckt den Schlüssel zur Entzifferung der Hieroglyphen

Im Jahr 1798 versuchte Napoleon I., Ägypten zu erobern. Begleiter dieses Feldzugs waren viele Gelehrte, die so viele Informationen wie möglich über das Land sammeln sollten. In der im Nildelta gelegenen Stadt Rosetta entdeckte ein Offizier namens Bouchard einen Stein, auf dem ein Text in drei verschiedenen Schriften eingraviert war: als Hieroglyphen, in Demotisch (eine Schrift, die im ausgehenden alten Ägypten benutzt wurde) und in Griechisch. Dieser Stein von Rosetta und andere Dokumente halfen später Jean-François Champollion, einem französischen Ägyptologen (1790 – 1832), die Hieroglyphen zu entziffern. Er hatte begriffen, dass die Zeichnungen Laute und Buchstaben und zugleich Symbole sein konnten.

In dem Wort

entspricht der Mund ⬭ dem Buchstaben R.

Der ausgestreckte Arm ⌐ entspricht dem Buchstaben E.

⊙ Der Kreis mit einem Punkt in der Mitte symbolisiert die Sonne.

Die Bedeutung ist also:

⬭　⌐
R + E (der Gott) RE,
dessen Symbol die Sonne ⊙ ist.

Eine Thronfolge über mehrere Jahrtausende

⇥ Seite 152/153

– Dynastie? Was ist das denn?

– Das ist einfach eine bestimmte Anzahl von Pharaonen über einen mehr oder minder langen Zeitraum, aber es gibt keine feste Zahl von Pharaonen pro Dynastie. So besteht z. B. die 28. Dynastie nur aus einem einzigen Pharao und die 18. aus vierzehn. Die erste Dynastie beginnt um 3150 v. Chr., und die dreißigste und letzte endet im Jahr 342 v. Chr.

– Wenn ich richtig rechne, dann sind also zwischen dem ersten und dem letzten Pharao zweitausendachthundertundacht Jahre vergangen, verkündete Susanne.

VON PHARAO ZU PHARAO, VON DYNASTIE ZU DYNASTIE Auf dieser Wand des Tempels von Abydos (19. Dynastie) ehren der Pharao Sethos I. und sein Sohn Ramses II. ihre Vorgänger seit Menes, dem Begründer der ersten Dynastie.

– Die Zahlen beruhen allerdings nur auf einer Schätzung, denn stichhaltige Beweise hat man für das Jahr 3150 nicht. Und nach 342 gab es auch noch Pharaonen, doch sie waren nicht mehr ägyptischer Herkunft.

– Und wie viele Pharaonen waren es insgesamt?, fragte Susanne.

– Ungefähr dreihundertfünfzig. Eine genaue Zahl anzugeben, ist unmöglich, denn bei einer künftigen Ausgrabung stößt man womöglich auf einen Gegenstand, auf dem der Name eines weiteren Pharaos steht. Man hat immer wieder

Könige entdeckt, deren Namen nicht auf den bekannten Listen aufgeführt waren.

– Haben die Pharaonen alle lange regiert?

– Man war Pharao auf Lebenszeit. Doch Ramses I. hat z. B. nur zwei Jahre regiert, Ramses II. siebenundsechzig Jahre. Den Rekord hält übrigens Pepi II. mit vierundneunzig Regierungsjahren!

Die drei Reiche

– Und die Dynastien … ich meine, gab es so was wie Epochen, denen mehrere Dynastien angehörten?

– Du meinst die »Reiche«, wie es in der Fachsprache heißt. Es gibt drei davon: Das Alte Reich, das Mittlere Reich und das Neue Reich, die durch Krisen und Eroberungen, so genannte »Zwischenzeiten«, voneinander getrennt sind. Auf die dritte Zwischenzeit – nach dem Neuen Reich – folgt die Spätzeit, die mit der persischen Eroberung endet.

Isidor machte ein nachdenkliches Gesicht.

– Unsere Zeitzählung fängt bei Christi Geburt an; heute sind wir fast im Jahr 2000 n. Chr. Worauf bezogen sich eigentlich die Ägypter, um ihre Daten festzulegen?

Die stabilste politische Institution der Welt

– Sobald ein Pharao den Thron Ägyptens bestieg und zu regieren begann, stellte man den Zeitzähler wieder auf null. Man war dann wieder im Jahr 1. Man kann sagen, dass der Lauf der Welt mit jedem neuen Pharao von vorn begann. Auf den Bauwerken findet man Daten wie: »das Jahr 3 von Cheops«, »das Jahr 24 von Ramses II.«. Und über die jeweilige Länge einer Regierungszeit weiß man aufgrund des letzten Datums Bescheid, das auf Bauwerken oder Texten zu finden ist. Bei Ramses II. beispielsweise ist es das Jahr 67. Aber jetzt

DIE KRÖNUNG
Dieses Relief aus der
Zeit von Ptolemaios,
das aus dem Tempel
von Edfu stammt,
beschreibt einen sehr
wichtigen Ritus, der
seit den ältesten
Dynastien gefeiert
wird: Zwei Göttinnen,
die jeweils die Rote
Krone Unterägyptens
und die Weiße Krone
Oberägyptens symbo-
lisieren (siehe Seite
34), krönen den
König, der auf sei-
nem Kopf die beiden
Kronen, also beide
Teile Ägyptens,
vereinigt.

bin ich endlich auch einmal mit einer Frage dran: Ist euch nichts Besonderes bei all diesen Dynastien und tausend Jahre währenden Reichen aufgefallen?

Die beiden Freunde dachten nach.

– Hat ganz schön lange gedauert, die ägyptische Geschichte!, stellte Susanne fest.

– Erst recht, wenn man mal unsere jüngere Vergangenheit be-trachtet: Vor gut 200 Jahren gab es zum Beispiel in Frankreich die Französische Revolution. Seit 1789, also einem Zeitraum, der für ägyptische Verhältnisse ziemlich kurz ist, hat es in Frankreich Revolution, Schreckensherrschaft, Kaiser, Könige und Staatspräsidenten gegeben. Innerhalb so weniger Jahre hat sich die Regierungsform also mehrfach geändert. In Ägypten dagegen gab es in mehr als dreitausend Jahren immer nur eine einzige Regierungsform: die des Pharaos. Selbst die persischen, griechischen und römischen Besatzer mussten sich zum Pharao krönen lassen, bevor sie über Ägypten regieren konnten. Die pharaonische Institution ist wahrscheinlich die stabilste Form politischer Macht, die die Menschheit je gekannt hat.

WAS IST EIGENTLICH
EIN PHARAO?

Staunend betrachteten Susanne und Isidor die Dioritstatue des Pharaos Chephren, des Erbauers einer der Pyramiden von Giseh. Diorit ist ein sehr harter Stein, den der Bildhauer glatt wie Marmor geschliffen hat. Der mit nacktem Oberkörper, Lendenschurz und traditionellem Königskopftuch der Pharaonen auf seinem Thron sitzende Chephren erschien uns als der Inbegriff der gebändigten Macht. Die Schönheit dieser Statue verschlug uns den Atem.

– Diese außergewöhnliche Skulptur wurde im Taltempel entdeckt, in einem mächtigen, in der Nähe der großen Sphinx erbauten Gebäude, das zur Pyramide von Chephren gehört.

SEINE MAJESTÄT, DER PHARAO
Wenn es eine Skulptur gibt, die den majestätischen Charakter und die Größe der pharaonischen Funktion ausdrückt, dann die außergewöhnliche Dioritstatue des auf seinem Thron sitzenden Pharaos Chephren. Auf dem Nacken des Monarchen sitzt der Falke Horus, der mit seinen Flügeln den Herrscher über die »Beiden Länder« beschützt.

21

Die verschiedenen Namen des Pharaos

D er Name »Pharao«, erklärte ich, besteht aus zwei ägyptischen Wörtern: per, »das Haus, der Tempel«, und âa, »groß«. Per + aa = Pharao, »das große Haus«, »der große Tempel«.

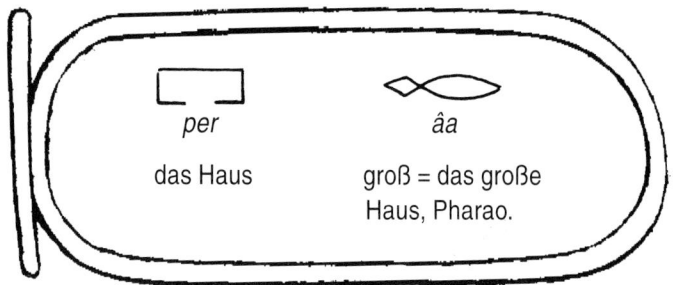

per	âa
das Haus	groß = das große Haus, Pharao.

Als »großes Haus« musste der Pharao in sich die Gesamtheit des ägyptischen Volkes aufnehmen. Er war nämlich vor den Göttern für dessen Glück verantwortlich. Man sagte vom Pharao Sesostris III., er sei »ein kühles Zimmer während des Sommers, in dem sich jeder ausruhen darf, ein Schutz in Zeiten des Hochwassers, ein warmer und trockener Ort im Winter, ein Ort der Geborgenheit für den Schwachen«. Schaut euch den Pharao Chephren einmal aus der Nähe an: Bemerkt ihr da nichts Besonderes?

– Doch, auf seinem Nacken sitzt ein Falke, stellte Susanne fest.

– Das ist der Gott Horus, der Beschützer des Königtums; seine Flügel, so sagt man, sind so weit wie der Himmel, seine Augen sind die Sonne und der Mond. Jeder Pharao wird von Horus beschützt; er hat einen scharfen Blick und sieht weit, genau wie der Falke. Wie der Falke muss er beim Regieren des Landes über den menschlichen Nichtigkeiten stehen und die Wirklichkeit von oben betrachten. Am Lendenschurz des Pharaos ist der Schwanz eines wilden Stiers befestigt; dieses Furcht einflößende Tier ist das Sinnbild für Macht. Ägyptens

König ist außerdem ein Schakal, der so schnell läuft, dass er die Erde in einem Augenblick umrunden kann. Schaut einmal hierher: Was seht ihr?

– Ein Oval mit diesen Hieroglyphen drin, antwortete Isidor.

– Das Oval, das die Ägyptologen »Königsring« nennen, symbolisiert die Sonnenbahn, über die der

---

Die fünf Namen des Pharaos

Ab der 5. Dynastie tragen die Pharaonen fünf rituelle, immer gleiche Namen, gefolgt von ihren eigenen Namen. Alle Pharaonen heißen:

1. Horus

2.  Goldhorus

3. Der zu den beiden Herrinnen Gehörige (das heißt zum weiblichen Geier Nechbet von Oberägypten und zur weiblichen Kobra Buto von Unterägypten)

4. Der zur Binse und zur Biene Gehörende (Titel, den man meistens mit »König von Ober- und Unterägypten« übersetzt)

5. ☉ Sohn des Re.
   Die beiden letzten Namen (4 und 5) befinden sich im Königsring ⊂⃞

Auf den Namen des Pharaos folgt immer ein Wunsch, der aus drei Hieroglyphen besteht: »Leben, Wachstum, Gesundheit«. Anders gesagt: auf dass der Pharao Leben, Wachstum und Gesundheit habe und sie seinem Volk gebe.

Zwei Königsringe des Pharaos Haremhab Auf dieser Inschrift, die von rechts nach links gelesen wird, stehen zwei der Namen des Pharaos Haremhab (18. Dynastie) in einem Königsring. Die Ente, gefolgt von der Sonne oben links, bedeutet »Sohn des Re«.

Pharao herrscht; als Sohn Res, das heißt des göttlichen Lichts, ist er die Sonne der Menschheit und vertreibt die Dunkelheit aus Ägypten. Wie die Sonne, so steht auch der Pharao bei Sonnenaufgang in seinem himmelsgleichen Palast auf. Einer der am meisten gebrauchten Namen des Pharaos ist »Der zur Binse und zur Biene Gehörende«.

– Warum die Biene?

– Weil sie Honig produziert, eine sehr energiereiche Nahrung, die dem Gold gleicht. Den Mythen zufolge war Gold das Fleisch der Götter. Der Pharao musste wie ein Gott handeln und seine persönlichen Interessen hinter die der Allgemeinheit zurückstellen, um sein Volk zu ernähren. Er befolgte also das Prinzip des Bienenstocks, denn was für den Bienenstock gut ist, ist auch für jede einzelne Biene nützlich. Was die Binse anbelangt, so wussten die Ägypter sie auf verschiedenste Weise zu verwenden: Man benutzte sie etwa zur Herstellung von Teppichen, Sandalen und leichten Booten, und man ernährte sich von ihr. Die Binse ähnelte dem Papyrus, den die Ägypter wie eine Art Papier verwendeten. Binse und Biene, das bedeutet, dass der Pharao der Inbegriff des Nützlichen war, das Fundament jeder Schöpfung.

War der Pharao ein Gott?

Ich führte Susanne und Isidor vor das Abbild eines würdevollen und strengen Pharaos und wies auf seine Stirn. Susanne schaltete sofort.

– Das sieht ja aus, als käme da eine aufgerichtete Kobra raus.

– Das ist Uräus, eine weibliche Kobra. Sie ist das lebende Abbild des Sonnenauges und hat die Aufgabe, die Feinde des Lichts unschädlich zu machen. Die Kobra ist das dritte Auge des Pharaos, mit dessen Hilfe er weiter sehen kann als andere Menschen.

– Wenn es mehrere Götter in Ägypten gab … ist der Pharao dann einer von ihnen?, fragte Isidor irritiert.

– Die Weisen Ägyptens dachten, es gäbe eine einzige schöpferische Macht. Diese Macht erschafft in jedem Augenblick Leben und vermehrt sich in Gestalt von Göttern und Göttinnen. Keine Lebensform, vom Stein bis zum Stern, ist vom Göttlichen ausgeschlossen. Der Pharao nimmt einen besonderen Platz in der Schöpfung ein, denn er ist der Vermittler zwischen der schöpferischen Macht und den Menschen. Als Vertreter aller Gottheiten der Erde hat er die Aufgabe, ihr Werk fortzuführen. Wenn der Pharao »Gott« genannt wird, dann ist nicht er als sterbliches Individuum gemeint, sondern die Funktion, die er ausfüllen muss und die göttlichen Ursprungs ist. Zwar bringt eine Frau, die Königin, den Pharao zur Welt, aber gezeugt wird er von Gott. Der Pharao ist also das Werk der Götter, so wie die Tempel das Werk der Menschen sind.

DAS DRITTE AUGE DES PHARAOS
Auf der Goldmaske von Psusennes I., dessen Grab sich in der Deltastadt Tanis befindet, ist die weibliche Kobra Uräus, die sich auf der Stirn des Pharaos aufrichtet, besonders gut zu sehen.

Dem Pharao wird das Testament der Götter überreicht, das aus ihm den legitimen Besitzer von Ober- und Unterägypten macht. Dafür ist er vor den Göttern und den Menschen für sein Tun verantwortlich. Ihm wurde aufgetragen, Ägypten in dem Zusammenschluss der schöpferischen Kräfte zu bewahren, die das Überleben bedeuten. Die Menschen werden also durch den Atem des Pharaos zum Leben erweckt.

Der Pharao ist ein Weiser und ein Gelehrter

Gab es eine Schule, in der der Pharao lernen konnte, ein guter Pharao zu sein?, fragte Isidor weiter.
– Ja, sie hieß »Haus des Lebens«. Ein Pharao musste perfekt Hieroglyphen lesen können und über eine große Bibliothek verfügen, in der geistes- und naturwissenschaftliche Papyri, also Schriftrollen, gesammelt waren. Man sagte vom

Pharao: »Er weiß alles, was geschieht, es gibt nichts, was er nicht wüsste, denn er ist Thot«. Thot, der Gott mit dem Ibiskopf, hatte den Menschen den Gebrauch der Hieroglyphen gezeigt und war Meister aller Wissenschaften.

Durch seine Identifikation mit diesem Gott wurde der Pharao gelehrt und weise. »Du besitzt Millionen Ohren«, sagte man ihm, »dein Auge glänzt mehr als die Sterne, du siehst besser als die Sonnenscheibe. Selbst ein Wort, das in einer Gruft ertönt, kommt an dein Ohr. Du bist wie die Sonne, deine Strahlen dringen in den dunkelsten Raum.« Der Pharao besaß zwei grundlegende Eigenschaften: Sia, die Intuition, durch die er das Innere der Wesen und Dinge erkennen konnte, und Hu, das schöpferische Wort, das seinen Worten und Handlungen Wirkung verlieh.

Ein Tag im Leben des Pharaos

Beim Betrachten der Pharaonenstatuen und der Königsdarstellungen in Reliefs fiel Susanne und Isidor auf, dass der König Ägyptens stets eine edle Haltung einnahm und rituelle Handlungen vollführte, und Isidor fragte:

– Musste ein Pharao eigentlich viel arbeiten, oder was machte er sonst so den ganzen Tag?

Der Ritus des Sonnenaufgangs

– Zunächst einmal konnte der Pharao nicht tun und lassen, was er wollte; er musste sich einem sehr strengen Zeitplan unterwerfen, der mit dem Ritus des Sonnenaufgangs begann. Dieser lief folgendermaßen ab: Der Pharao ging allein in den geheimsten Teil des Tempels und sprach die Gottheit mit den Worten an: »Erwache in Frieden.« Dann nahm er die göttliche Statue aus dem Naos heraus, einer Art steinernem Schrein, der mit vergoldeten Holztüren verschlossen war, parfümierte sie, gab ihr symbolisch zu essen, zog sie an und brachte ihr Opfergaben dar. Nun kam der wichtigste Moment: Der Pharao reckte die Statuette einer Göttin namens Maat dem Himmel entgegen. Maat symbolisierte Wahrheit, Gerechtigkeit und die ewige Ordnung des Universums, das lange vor unserer Welt existiert hat und auch nach ihr noch da sein wird. Maat ist die Lebensregel, die unter der Obhut des Pharaos steht und der er Achtung verschaffen muss, damit die Menschen in Frieden leben. Indem der Pharao Maat in Richtung des Himmels hob, also dorthin, woher sie kam, setzte er die Ordnung an die Stelle von Unordnung. Der Pharao war der Einzige, der diese wichtige Handlung ausführen durfte, mit Ausnahme der Priester, die in den anderen Tempeln Ägyptens in seinem Na-

SCHREIBER BEI DER ARBEIT
Diese reich gekleideten Schreiber der 18. Dynastie stehen zum Zeichen ihrer Hochachtung gebeugt vor dem König und hören auf dessen Anweisungen. Als Schreibgerät dient ihnen der Pinsel.

DIE OPFERGABE AN DIE MAAT
Die Opfergabe an die Maat war eine unerlässliche Handlung, die der Pharao jeden Morgen ausführen musste. Maat bedeutet Gerechtigkeit, Wahrheit und Weltordnung und wird als sitzende, federgeschmückte Frau dargestellt, die der Pharao in der Hand hält.

DAS HEILIGTUM DER GÖTTLICHEN GEGENWART
Der Naos des Tempels von Edfu in

Oberägypten ist der am besten erhaltene Schrein des alten Ägypten. Im Inneren dieser Steinkapelle, die von einem pyramidenförmigen Dach überragt wird, befand sich die Statue der Gottheit. Jeden Morgen öffnete der Pharao die Türen des Naos, um sie zu wecken.

men die Rituale vollziehen konnten. Jeden Tag fanden drei Rituale im Tempel statt: morgens, mittags und abends. Außerdem gab es viele Feste, zu denen der Pharao die Gottheiten ehrte und ihre Gegenwart auf der Erde beschwor. Eine weitere Aufgabe des Pharaos bestand darin, Tempel für die Götter zu erbauen.

– Tempel? Also so was wie unsere Kirchen?

– Nein. Es waren eher riesige Laboratorien, zu denen nur Spezialisten Zugang hatten. Sie sollten auf der Erde die geistige Energie und die geheimnisvolle Kraft aufrechterhalten, die von den Göttern ausging. Ohne die Tempel hätten Unordnung und Krieg im Land geherrscht.

Der Pharao regiert

– Dann haben also die heiligen Handlungen völlig den Tagesablauf des Pharaos bestimmt?, begann Isidor erneut.

– Ja, aber er kümmerte sich auch um die Verwaltung des Landes. Kaum war der Pharao nach dem Ritus des Sonnenaufgangs in den Palast zurückgekehrt, sprach der Wesir, sein oberster Minister, bei ihm vor. Sein ägyptischer Name lautete Tschati, »Der des Vorhangs«, denn der Wesir teilte die Staatsgeheimnisse mit dem Pharao und wusste also, was »hinter dem Vorhang« vorging. Er fasste die Berichte aus den Regionen des Landes zusammen und trug sie dem Pharao vor. Der traf dann die notwendigen Entscheidungen für die Zukunft seines Landes.

– Also auch militärische. Mit anderen Worten: Er führte zusätzlich das ganze Heer?

– Bei großen Kämpfen stand er an der Spitze des Heeres, das aus freiwilligen Soldaten bestand und aus ausländischen, die für ihre Dienste bezahlt wurden. Der Pharao ernannte auch die Verantwortlichen für Bewässerung, Warentransport, Landwirtschaft, Staatsfinanzen, Gesundheit usw., kurzum, alle diejenigen, die man heute als Minister bezeichnen würde.

*DIE MITARBEITER
DES PHARAOS
Hier sind ein könig-
licher Schreiber, ein
Verwalter der Toten-
stadt und ein Befehls-
haber über die Flotte
dargestellt, also drei
der vielen Würden-
träger, die an der
Regierung des
Pharaos beteiligt
waren.*

– Über wie viele Menschen herrschte der Pharao denn in
Ägypten?, fragte Susanne, neugierig auf neue Zahlen.
– Das Land hatte damals nur einige Millionen Einwohner, zu
Zeiten von Ramses II. höchstens fünfzehn. Heute sind es
mehr als sechzig Millionen Einwohner.

Der Pharao als königlicher Ehemann

– Stimmt es, dass der Pharao mehrere Frauen hatte?, fragte
Susanne weiter.
– Das stimmt. Er regierte mit der Großen Königsgemahlin
und konnte »Nebenfrauen«, auch Ausländerinnen, haben.
Ihre Gegenwart an seinem Hof gewährleistete den Frieden
mit den Nachbarländern. Eigentlich bezeichnet der Begriff
»Pharao« ein Paar. Ohne die Königin, die umfangreiche
Pflichten hatte, konnte der König nicht herrschen.

*DAS LÄCHELN
EINER KÖNIGIN
Die Große Königs-
gemahlin, die eine
Wiedergeburt von
Maat und Hathor
auf Erden ist, betei-
ligte sich aktiv an den
Regierungsgeschäften
des Landes. Auf dieser
Wand ihres Tempels
in Abu Simbel bringt
Nefertari eine Opfer-
gabe aus Blumen dar
und verwendet ein
Musikinstrument,
das Sistrum, zur
Abwehr negativer
Energien.*

– Wenn die Königin so mächtig war, konnte dann nicht auch eine Frau Pharao sein?, hakte Susanne weiter nach.

– Im alten Ägypten war die Frau dem Mann gleichgestellt. Deshalb konnte sie in der Tat Pharao werden, wie etwa Hatschepsut, auf die wir später noch zu sprechen kommen.

Isidor versuchte das Thema wieder zu wechseln:

– Und was war, wenn ein Pharao starb?

Der Tod des Pharaos
und seine Auferstehung

W enn ein Pharao starb, dann war das gesamte Land in Trauer. Männer rasierten sich nicht mehr, die Frauen kämmten sich nicht. Und man machte sich an seine Mumifizierung, die siebzig Tage dauerte. Die Herstellung einer Mumie diente dazu, den sterblichen Körper in einen unvergänglichen Körper ohne Alter und Verfall umzuwandeln, einen Körper also, der ewig weiter bestehen würde.

DER PHARAO STIRBT NIEMALS Nach seinem Tod wird der Pharao in einen Sarkophag gelegt wie Tutanchamun, den man hier in seinem Grab im Tal der Könige sieht; in Gestalt des Osiris kommt er dann jeden Tag neu auf die Welt und glänzt am Firmament.

Die Mumie, die den Pharao mit Osiris, dem gestorbenen und auferstandenen Gott, gleichstellte, sollte seiner beflügelten Seele als Stütze dienen. Sobald die Mumie fertig gestellt war, wurden an ihr Auferstehungsriten vollzogen, sodass der Geist des Pharaos, der aus dem Licht kam, wieder ins Licht zurückkehren konnte. Einige Mumien von Pharaonen sind zum Glück nicht von Grabräubern gefunden worden und werden heute in einem Saal des Ägyptischen Museums in Kairo aufbewahrt. Die sehen wir uns jetzt mal an.
Susanne und Isidor standen tief beeindruckt vor den Gesichtern von Sethos I. und seinem Sohn, dem berühmten

EIN SARKOPHAG FÜR DIE AUFERSTEHUNG

Einige Sarkophage, wie dieser eines großen Würdenträgers (8. Jh. v. Chr., Louvre, Paris), sind mit verschiedenen Darstellungen geschmückt. Diese zeigen beispielsweise das Zusammentreffen des Auferstandenen mit den Göttern oder auch die Flügel der Göttinnen, die stets in Bewegung waren, um ihm Lebensatem einzuflößen.

GOLDENE FINGER

Diese goldenen Fingerhülsen des Pharaos Scheschonk (Ägyptisches Museum, Kairo) sind in einem Grab gefunden worden. Der Körper des Pharaos musste bei der Mumifizierung symbolisch in einen lichtdurchfluteten Körper verwandelt werden. Dazu verwendete man das Gold, also das Fleisch, aus dem die Götter gemacht sind.

DER MUMIFIZIERER ANUBIS

Diese Szene aus dem in Theben entdeckten Grab des Handwerkers Senedschem offenbart uns, was der schakalköpfige Gott Anubis den Ägyptern übermittelte: das Geheimnis der Mumifizierung, die die Gerechten in Osiris verwandelt.

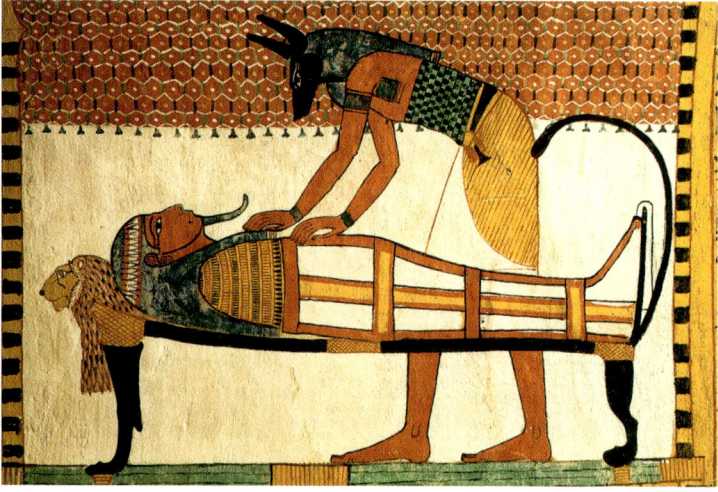

◁ MAGISCHE ARBEITER-
FIGUREN FÜR DAS
LEBEN IM JENSEITS
In ägyptischen Gräbern
fand man viele kleine
Statuetten wie diese hier,
die im Ashmolean Mu-
seum, Oxford, aufbewahrt
ist: Sie sollten dem Toten
gewisse mühevolle Ar-
beiten im Jenseits
abnehmen.

SANDALEN FÜR DIE
WEGE IM JENSEITS
Für die alten Ägypter war
das ewige Leben nicht ohne
Bewegung, sondern wie eine
ständige Reise; so waren für
die Fortbewegung zu Fuß
Sandalen notwendig.

DAS EINBALSAMIERTE
GESICHT VON RAMSES II.
Die Mumie von Ramses II.
befindet sich im Ägyptischen
Museum in Kairo; das
Gesicht dieses nahezu neun-
zig Jahre alten Mannes
strahlt eine sehr beein-
druckende Autorität und
Größe aus.

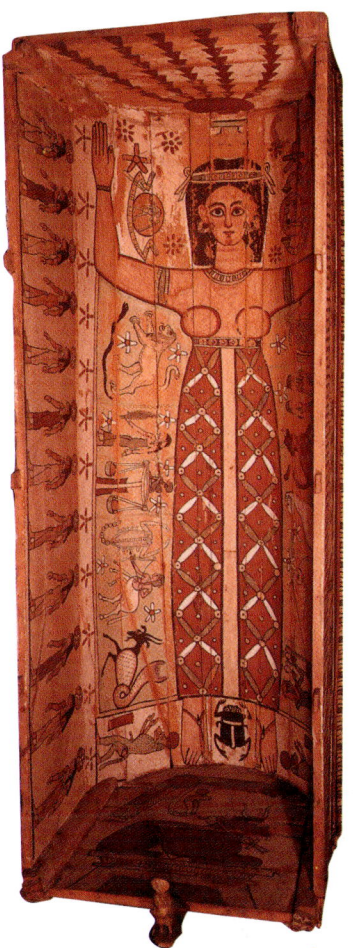

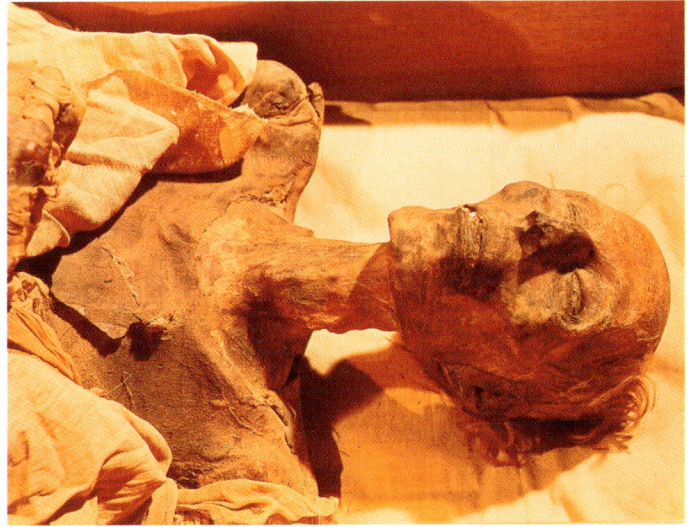

UNSERE MUTTER,
DER HIMMEL
Im Innern dieses theba-
nischen Sarkophags aus
der Spätzeit ist die Göttin
des Himmels, Nut, abge-
bildet, umgeben von
Sternzeichen; sie nahm
den Verstorbenen im
Jenseits auf und erweckte
ihn wieder zum Leben.

Anderer häufig verwendeter Kopfschmuck des Pharaos

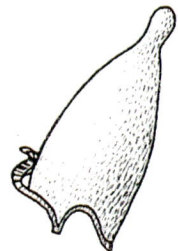

Krone Oberägyptens (die Weiße Krone)

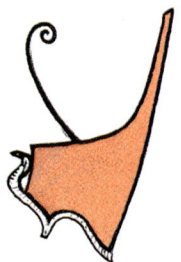

Krone Unterägyptens (die Rote Krone)

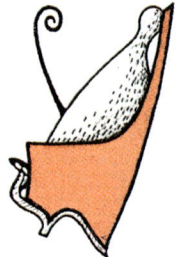

Die beiden vereinten Kronen bilden das Pschent (aus dem Ägyptischen: pa-sek-hemty, »die beiden Mächtigen«).

Ramses II. Anfangs machten die Mumien ihnen Angst, aber mehr und mehr wuchs die Ehrfurcht vor den Greisen mit den gelassenen und zugleich autoritären Gesichtszügen.

Wir verließen den Mumiensaal und begaben uns zu einem gekrönten Pharao.

– Sobald die Trauerzeit vorbei war, erschufen die Götter einen neuen Pharao durch die Krönung zum Leben. Zwei Priester mit den Masken von Horus und Seth setzten dem König die Weiße und die Rote Krone auf. So wurden die beiden Länder symbolisch vereinigt.

– Wer konnte denn überhaupt Pharao werden?

– Es musste nicht unbedingt der Sohn des gerade verstorbenen Königs sein; es gab da keine strenge Regel. Ein Rat von Weisen wählte den aus, der ihnen am besten geeignet schien, das schwierige Amt zu übernehmen. Außerdem besaß der Pharao die Möglichkeit, seinen Nachfolger während seiner eigenen Herrschaft einzuarbeiten. Er ließ ihn an der Macht teilhaben, brachte ihm sozusagen den Beruf bei, und sie regierten gemeinsam. Wenn der alte König starb, war der junge bereit, seine Nachfolge anzutreten, und konnte so handeln, dass er das Werk seiner Vorgänger fortführte. Das Volk durfte dann die üblichen Worte aussprechen: »Erfreue dich, gesamtes Land, glückliche Zeiten sind angebrochen. Ein Meister ist in allen Ländern erwacht; die Überschwemmung steigt, die Tage sind lang, die Nacht hat ihre genauen Stunden, der Mond kommt regelmäßig wieder.« Wenn der Pharao herrscht, so stehen Natur und menschliche Gesellschaft im Einklang.

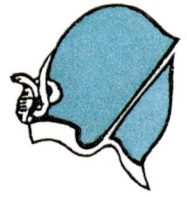

Kepresch oder Blaue Krone

Nemes oder Tuchschmuck

DAS ALTE REICH ODER:
DAS GROSSE ABENTEUER
KANN BEGINNEN

In einem Wagen, der von einem alten Freund gelenkt wurde, fuhren wir aus Kairo hinaus und nahmen die Straße nach Sakkara. Wir verließen die fruchtbare Gegend und gelangten in die Wüste. Ich bereitete die Kinder auf das vor, was sie dort erwarten würde:

– Bald werden wir die ältesten Pharaonen sehen. Der erste König Ägyptens hieß Menes; sein Name bedeutet »der Ausgeglichene« und »Jemand«. Menes ist dem Sockel einer Statue vergleichbar. Er ist die Basis, auf der alle pharaonischen Dynastien aufbauen. Er symbolisiert den Pharao als Nachfolger der göttlichen Dynastien, er erfand die Hieroglyphen und gründete Memphis, die erste Hauptstadt des vereinigten Landes. Vor Menes und vor den Dynastien hatten sich Sippenführer die Macht geteilt. Einer von ihnen, König Skorpion, herrschte, so heißt es, über den Süden.

Der erste Pharao

Man weiß also sicher, dass Menes der allererste Pharao war?, hakte Susanne nach.

– So ist es jedenfalls überliefert.

– Und woher weiß man so genau, dass Ober- und Unterägypten friedlich vereint wurden?, wollte Isidor wissen.

– Durch einen behauenen Stein. Er wurde in Hierakonpolis in Oberägypten gefunden. Man nennt ihn Palette. Die Palette stammt aus der Zeit, in der ein gewisser König Narmer herrschte, ein Nachfolger von Menes. Oder es war Menes selbst, der sich möglicherweise auch Narmer nannte. Wir wissen es nicht genau. Die Palette jedenfalls ist auf der Vor-

der- und Rückseite geschmückt. Auf der Vorderseite trägt der Pharao die Weiße Krone Oberägyptens und hält eine weiße Keule, »die Strahlenaussendende«, mit der er seinen schon in die Knie gezwungenen Gegner schlägt. Auf der Rückseite trägt der König die Rote Krone Unterägyptens und betritt ein Schlachtfeld, auf dem die Leichen seiner Gegner liegen.

– Es hat also einen großen Kampf gegeben.

– Wahrscheinlich, aber die Palette ist auch als Symbol zu verstehen: Der Pharao hatte nämlich vor allem die Aufgabe, das Licht über den Schatten siegen zu lassen.

Oben und rechts:
NARMER VEREINT
ÄGYPTEN
Die Palette des Königs Narmer ist ein be-hauener Stein, der von einem wichtigen Ereignis zeugt: dem Sieg des Monarchen über einzelne Sippen und die Vereinigung von Norden und Süden zu einem ein-zigen Land, dem nun-mehr pharaonischen Ägypten.

Die schöne, untergegangene Stadt Memphis

– Die Darstellung besagt, dass Norden und Süden nunmehr vereint waren und der Pharao über zwei vereinigte Länder regierte. Das große Abenteuer der ägyptischen Zivilisation konnte beginnen. Menes gründete, wie schon gesagt, die erste Hauptstadt Memphis, was so viel bedeutet wie »Leben der Beiden Länder«. Dort entstanden mehrere Tempel, darunter

Hut-ka-Ptah, »der Tempel von Ka (der schöpferischen Kraft) und von Ptah (dem Gott der Handwerker)«.

Die Griechen übersetzten den Begriff mit »aiguptos«, daher der Name Ägypten. Leider ist Memphis, das von einer weißen Mauer umgeben war und ungefähr an der Stelle des heutigen Kairo lag, im Mittelalter zerstört worden. Aber ich kann euch ein kleines Wunder zeigen.

Djoser der Große

W ir fuhren einen ziemlich steilen Hang hinauf und blieben mitten in der Wüste unweit eines befestigten Tors stehen. Es war gut zu erkennen, dass es zu einer großen Mauer gehörte. Susanne und Isidor stiegen aus und betraten die »rote Erde« von Sakkara, auf der die alten Ägypter die »Residenz der Ewigkeit« erbaut hatten. Susanne und Isidor waren beeindruckt von der Größe der Anlage.

Wir schritten durch das gewaltige Tor und wanderten danach im Gänsemarsch durch einen engen, von Säulen gesäumten Korridor, der auf einen weitläufigen, unüberdachten Hof führte.

DER SCHÖPFER PTAH Der Gott Ptah, Herr über Memphis, die Hauptstadt des Alten Reiches, war Schutzherr der Handwerker.

Die Mutter aller Pyramiden

Plötzlich standen sie vor einer ungewöhnlichen Pyramide mit stufenförmigen Seiten.

– Das ist die Mutter aller Pyramiden, der früheste nachweisbare Steinbau. Er wurde von zwei außergewöhnlichen Männern errichtet, dem Pharao Djoser, dem wichtigsten König der 3. Dynastie, und seinem Bauherrn Imhotep, dem, »der in Frieden kommt«.

– Wir befinden uns in dem Bereich der Ewigkeit, den die beiden Männer auf Erden geschaffen haben, einem Bereich, der

dem Ka vorbehalten war, einer immateriellen und unsterblichen Energie, also einer Energie, die man nicht berühren
kann und die jedes Wesen und jedes Ding am Leben erhält.

– Um so was zu bauen, muss Djoser aber ganz schön lange geherrscht haben, meinte Susanne.

– Ungefähr zwanzig Jahre, von 2670 bis 2650
v. Chr.; in dieser Zeit hat er aus Ägypten ein reiches und mächtiges Land gemacht. Das Wort
Djoser bedeutet »heilig«, »wunderbar« und be-
inhaltet die Vorstellung, dass ein heiliges
Werk geschützt und vor Zerstörung und Unordnung bewahrt werden muss.

Wir gingen an der Stufenpyramide ent-
lang, einer riesigen, himmelwärts stre-
benden Treppe, und stießen in der Nähe der Pyramiden-Nordseite auf einen
kleinen Tempel. In die Fassade waren
zwei Löcher gebohrt.

– Schaut mal da durch und erzählt mir,
was ihr seht.

– Ich sehe einen sitzenden Pharao,
der ein langes Gewand trägt, sagte Susanne.

Das Alte Reich

Es bestand aus vier Dynastien (der 3., 4., 5. und 6. Dynastie) und existierte gut fünfhundert Jahre (2690–2181 v. Chr.). In dieser Zeit wurden die großen Pyramiden von Sakkara, Dahschur und Giseh erbaut, die alle in der Nähe der Hauptstadt Memphis lagen.
Die wichtigsten Pharaonen sind:

Djoser (3. Dynastie, 2670–2650 v. Chr.), Erbauer der Stufenpyramide von Sakkara.

Snofru (4. Dynastie, 2613–2589 v. Chr.), der zwei riesige Pyramiden bei Dahschur erbauen ließ.

Cheops (5. Dynastie, 2589–2566 v. Chr.), dessen »große Pyramide« auf dem Pyramidenfeld von Giseh das einzige der sieben Weltwunder ist, das noch steht.

Pepi II. (6. Dynastie, 2278–2184 v. Chr.), der die längste Herrschaft der Geschichte vorweisen kann: vierundneunzig Jahre!

◁ *DIE URPYRAMIDE VON SAKKARA Die in Sakkara um ca. 2670 v. Chr. von Djoser und Imhotep erbaute Stufenpyramide war der erste große Steinbau Ägyptens. Sie erinnert an eine riesige Treppe, über die die Seele des Königs den Himmel erreichen kann.*

– Und auf dem Kopf hat er eine Art Perücke … und am Kinn einen langen dünnen Bart, fügte Isidor hinzu.
– Das ist Djoser. Er bewacht seine Pyramide, und sie flößt ihm ununterbrochen neues Leben ein.
Obwohl wir nur eine Gipskopie vor uns hatten – das Original steht im Ägyptischen Museum in Kairo –, schien der Blick des Pharaos und Bauherrn wunderbar lebendig.

Imhotep, Erbauer für die Ewigkeit

– Haben die Architekten damals eigentlich immer nur Tempel, Pyramiden und so was gebaut?, fragte Isidor.
– Imhotep zum Beispiel war nicht nur Architekt, sondern auch Zimmermann, Bildhauer und Gestalter von Steinvasen. Angeblich hat er sogar das Bauen mit behauenen Steinen erfunden. Vor allem hat er die Wirtschaft überhaupt erst so

DER VERGÖTTERTE WEISE IMHOTEP Diese kleine Bronze-statuette (Museo Egizio, Turin) stellt Imhotep beim Ent-rollen eines Papyrus auf seinen Knien dar. Als Patron der Schreiber und als Weiser unter den Weisen wurde Imhotep schon in der Frühzeit in den Rang eines Schutzgottes erhoben.

weit vorangebracht, dass der Pyramidenbau möglich wurde. Seine Stufenpyramide erschien den Ägyptern allerdings derart außerordentlich, dass Imhotep zum Vorbild für alle anderen Architekten wurde; es hieß, er sei nie gestorben und man habe sämtliche Tempel Ägyptens eigentlich ihm zu verdanken. Dazu gehört auch der kleine Tempel in Philae an der südlichen Grenze Ägyptens, der ihm zu Ehren errichtet wurde. Imhotep war übrigens auch Astrologe, Magier, Mediziner, Leiter des Rechtswesens, Verwalter des Palastes, Großpriester von Heliopolis und Aufseher über das gesamte Land. Sein Wort hatte fast so viel Gewicht wie das des Pharaos selbst. Er schrieb weise Bücher, und wenn später ein Schreiber mit seiner Arbeit begann, pflegte er im Gedenken an Imhotep, seinen heiligen Schutzherrn, ein paar Tropfen Wasser zu verspritzen. Ab der 26. Dynastie wurde Imhotep als sitzende Bronzestatuette mit einer Papyrusrolle auf den Knien dargestellt. Als Sohn des Gottes Ptah, des Schutzherrn der Handwerker, verkörperte er Weisheit und Gelassenheit. Wenn ihr später Lust habt, Ägyptologie zu studieren, könnt ihr euch auf die Suche nach einem sagenumwobenen Schatz begeben, dem Grab Imhoteps, das sich irgendwo hier in Sakkara befinden muss.

– Und Djosers Grab?, fragte Susanne.

– Djoser ruhte unter der Stufenpyramide; er feierte dort ein ewiges Festmahl und absolvierte immer wieder einen kultischen Lauf, der die Besitzergreifung Ägyptens durch den Pharao bezeugte. Ihn hatte

*DER KÖNIGSLAUF
Auf diesem Stein-
block der »Roten
Kapelle« von Hat-
schepsut (Freilicht-
museum Karnak)
sieht man den
Pharao beim kulti-
schen Lauf mit dem
Stier Apis. Er stellt
so seine Lebendig-
keit und seine
Regierungsfähigkeit
unter Beweis.*

Djoser schon zu seinen Lebzeiten während des Sedfestes, also seines Erneuerungsfestes, im Großen Hof des Tempelbezirks veranstaltet.

Die Legende von Djoser, dem Weisen

– Das hört sich ja an, als wäre Djosers Leben ein ständiges Festmahl gewesen! Hat er während seiner Herrschaft denn nie schlechte Zeiten durchgemacht?
– Eine Hungersnot ist uns überliefert. Aber das ist wahrscheinlich eine Legende, die erst viele Jahrhunderte nach seinem Tod entstanden ist. Es lohnt sich trotzdem, sie zu erzählen. Da das Hochwasser keinen fruchtbaren Schlamm mehr brachte, drohte der Bevölkerung der Hungertod. Der

Pharao fragte sich, ob man denn nichts gegen die Katastrophe tun könne und las in den heiligen Büchern nach. Er fand schließlich heraus, dass Chnum, der Gott mit dem Widderkopf, auf der Höhe der Insel Elephantine die fruchtbare Nilflut unter seinen Sandalen zurückhielt, weil er die ihm zustehenden Opfergaben nicht bekommen hatte. Djoser machte den Fehler sofort wieder gut, Chnum hob die Füße, das Hochwasser wurde befreit und Ober- und Unterägypten erblühten wieder.

Djoser galt als Weiser; er habe, so hieß es, ein Buch geschrieben, das die zukünftigen Pharaonen lehren sollte, ihre Aufgabe gewissenhaft und dem Willen der Götter gemäß auszuführen. Er hatte übrigens auch einen anderen Namen: »neteri-er-ket, ›göttlicher als alle Götter zusammen‹«.

– Was weiß man sonst noch über seine Herrschaft?, fragte Isidor.

– Vieles bleibt noch im Dunkeln, wie bei allen anderen Pharaonen auch. Hier in Sakkara sind viele Orte noch unerforscht, und künftige archäologische Ausgrabungen werden uns sicher noch viele Überraschungen bescheren. Wisst ihr eigentlich, wie die Ägypter den Ort nennen, an dem wir uns gerade befinden? »Himmel auf Erden oder Himmel, wo das göttliche Licht aufgeht«.

DAS ALTE REICH UND DIE ZEIT DER GROSSEN PYRAMIDEN

Auf Kamelen – Tiere, die die alten Ägypter noch nicht kannten – ritten wir durch die Wüste Richtung Süden. Susanne und Isidor gewöhnten sich schnell an den regelmäßigen, wiegenden Schritt der Kamele. Sie sahen vor sich eine unberührte, weite Fläche goldenen Sandes und hielten die Augen fest auf die zwei riesigen Pyramiden von Dahschur gerichtet.

Der gute König Snofru

Keine dieser Pyramiden war stufenförmig wie die von Djoser; die erste hatte glatte Seitenflächen, die zweite eine auf halber Höhe geknickte Schräge, was ihr ein seltsames Aussehen gab. Es waren Bauten für die Ewigkeit, die der gute König Snofru errichtet hatte. Touristen waren keine zu sehen.

– Ist Snofru der Pharao, der nach Djoser kam?, fragte Susanne.

– Nein, zwischen Djoser und Snofru hat es noch andere Könige gegeben, aber die haben fast keine Spuren hinterlassen. Snofru war der Begründer der 4. Dynastie. Er kam um 2613 v. Chr. auf den Thron Ägyptens und herrschte ungefähr fünfundzwanzig Jahre. Und in diesem Vierteljahrhundert wurden unzählige prächtige Bauwerke geschaffen. Die schönsten liegen hier vor euch. Das Wort Snofru bedeutet »Der, der zur Perfektion gelangt«. In der Tat war er es, der die Form der Pyramide zur Vollendung brachte, indem er ihr vier glatte Flächen verlieh. Djoser hatte die Stufen zum Himmel sichtbar gelassen; von nun an blieben sie unter einer Steinverkleidung verborgen.

DIE
KNICKPYRAMIDE
Eine der beiden
eindrucksvollen
Pyramiden von
Dahschur, die aus
der Herrschaftszeit
Snofrus stammt.
Der äußerst auf-
fällige Knick ver-
weist auf die Fähig-
keit des Pharaos,
über Ober- und
Unterägypten
zu herrschen.

Die Pyramide, Labor für die Ewigkeit

– Die Pyramiden scheinen für die Pharaonen ja eine ziemlich
große Bedeutung gehabt zu haben, stellte Susanne fest.
– Da hast du Recht. Die Pyramide galt als Kraftwerk für geistige Energie; sie stellte die Nahtstelle zwischen der Welt der
Götter und der der Pharaonen dar. Ohne die Pyramide hätte
der Pharao Himmel und Erde nicht miteinander verbinden
können. Außerdem sollte sie Zeit in Ewigkeit umwandeln
und die Auferstehung des Pharaos ermöglichen, die für das
Überleben seines Volkes unbedingt notwendig war.
– Warum hat die größere der beiden Pyramiden so einen
komischen Knick?, erkundigte sich Isidor. Das sieht so aus,
als ob jemand schnell zu Ende kommen wollte.
– Man nennt diesen »komischen Knick« einen veränderten
Böschungswinkel. Er symbolisiert die Zahl Zwei. Die Pyramide hat zwei Schrägen, zwei Eingänge und zwei Grabkam-

mern. Ihr erinnert euch: Der Pharao hat die Aufgabe, die beiden gegensätzlichen Kräfte, die die Welt erschufen, Horus
und Seth, miteinander zu harmonisieren. In seiner Person
werden Ober- und Unterägypten miteinander vereint.
– Wenn Snofru als »guter König« bezeichnet wird, heißt das,
dass Ägypten unter seiner Herrschaft in Frieden lebte?, überlegte Isidor weiter.
– Bis auf einen Zwischenfall scheint
nichts die glückliche Herrschaft Snofrus gestört zu haben. Einmal gab er
seinem Heer den Befehl, auf der
Sinai-Halbinsel, wo die Ägypter Tür-
kise abbauten, auf der aber auch räuberische Beduinen umherstreiften,
wieder Ordnung herzustellen. Aber
ansonsten war seine Regierungszeit
wirklich sehr glücklich: Er ließ Werf-
ten bauen und unterstützte den Handel. Innerhalb eines einzigen Jahres, so heißt es, fuhren vierzig große Schiffe in den
Libanon und kehrten voll beladen mit Zedernstämmen zurück. Zedernholz wurde beim Tempel- und Palastbau verwendet, wobei die Stämme als Masten dienten, die man vor den
Gotteshäusern aufstellte.

Die edle Kunst des Alten Reiches

Snofrus Gemahlin Hetepheres wur-
de später sehr bekannt, als man ihr
Grab entdeckte. Es lag sorgfältig
versteckt in der Nähe der großen
Pyramide ihres Sohnes Cheops und
enthielt außerordentlich schönes
Mobiliar aus edlem, vergoldetem
Holz, insbesondere ein Bett mit
Löwentatzen als Stützen, eine Sänf-

DER SCHATZ
EINER KÖNIGIN
Dieses zauberhafte
Schmuckstück, ein
Pektoral, dessen
Hieroglyphen der
Herrscherin göttlichen
Schutz zusprechen,
gehörte zu den
Gegenständen, die
sich im Schatz der
Königin Hetepheres,
Cheops' Mutter,
befanden.

te und einen großen Sessel mit Pflanzenornamenten. Allein diese Meisterwerke der Handwerkskunst zeugen von dem edlen Geschmack, der im Alten Reich gepflegt wurde. Von Snofrus Gutherzigkeit seinen Freunden und seiner Familie gegenüber angetan, gab das Volk ihm zum Zeichen seiner Achtung den Namen »der wohltätige König im ganzen Land«. Zu Snofru gibt es noch eine hübsche Geschichte: Eines Tages fuhr der König in einem Kahn spazieren, den ein paar hübsche Ruderinnen über den See gleiten ließen. Plötzlich ließ ihre Anführerin ein Schmuckstück ins Wasser fallen, an dem sie sehr hing. Der Pharao versprach ihr, es durch ein anderes zu ersetzen, aber sie wollte nur dieses! Was tun? Schließlich wandte man sich an einen Zauberer, der die Hälfte des Wassers aus dem See hob und sie auf die andere Hälfte legte. Dann holte die Ruderin ihr Schmuckstück vom Grund herauf, der Zauberer brachte das Gewässer wieder in Ordnung, und der gute König Snofru freute sich, der Ruderin ihre gute Laune zurückgegeben zu haben.

DIE BEWACHERIN DER PYRAMIDEN
Die Sphinx von Giseh, magische Bewacherin des Pyramidenfelds, ist die größte Ägyptens. Ihr Kopf gleicht dem eines Pharaos mit dem traditionellen Königskopftuch.

Die Welt der großen Pyramiden

N ach den beiden Pyramiden in Dahschur blieb uns nun nur noch die Königin aller Pyramiden übrig. Als wir den steinernen Giganten der Hochebene von Giseh, die große Cheopspyramide, betraten, ging gerade die Sonne auf. Zuvor hatten wir schon der Sphinx einen Be-

DIE STEINRIESEN
DES PYRAMIDEN-
FELDS VON GISEH
*Von links nach rechts
reihen sich die Pyra-
mide von Mykerinos
(mit ihren drei klei-
nen, »Satelliten«
genannten Pyrami-
den), die Chephren-
pyramide (mit einem
Rest ihres Kalküber-
zugs an der Spitze)
und die große
Cheopspyramide
aneinander.*

such abgestattet, einem riesigen Löwen mit dem Kopf eines Pharaos. Die zweifache Aufgabe der Sphinx bestand darin, das Pyramidenfeld von Giseh zu bewachen, um die Ungläubigen, die in den Gotteskult nicht eingeweiht waren, fern zu halten, und die Sonne jeden Morgen wieder aufgehen zu lassen, damit das Leben weiterging.

Mit 20 Meter Höhe und 57 Meter Breite ist sie die größte Skulptur des alten Ägypten. Mit ihren immer offenen Augen beschützt sie Pyramiden und Mastabas. Mastaba ist ein arabisches Wort. Es bezeichnet die um die Pyramiden herum gelegenen Gräber von Würdenträgern. Die Mastabas überführten die Gemeinschaft der Gläubigen, die dem Pharao während seines Lebens gedient hatten, ins Jenseits.

Ein Riese aus Stein

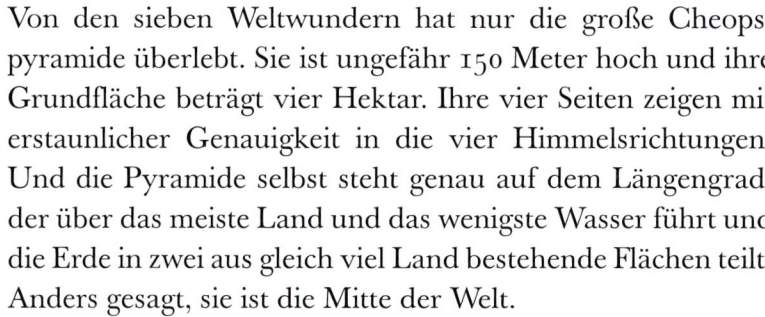

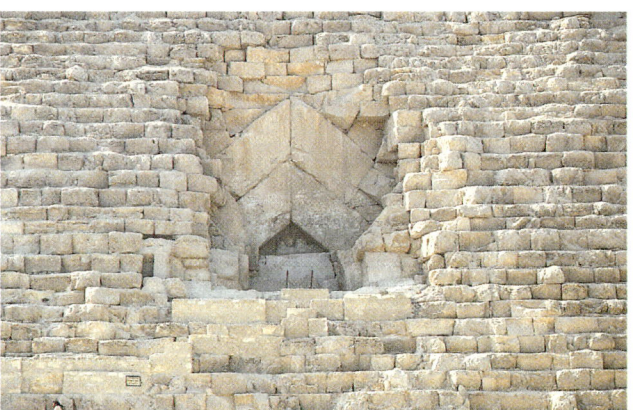

DAS TOR DER SEELE Hier ist der eigentliche Eingang zur großen Cheopspyramide zu sehen, die der Seele des Pharaos vorbehalten war. Heute gelangen die Touristen durch den von Grabräubern gegrabenen Eingang in das Bauwerk.

Von den sieben Weltwundern hat nur die große Cheopspyramide überlebt. Sie ist ungefähr 150 Meter hoch und ihre Grundfläche beträgt vier Hektar. Ihre vier Seiten zeigen mit erstaunlicher Genauigkeit in die vier Himmelsrichtungen. Und die Pyramide selbst steht genau auf dem Längengrad, der über das meiste Land und das wenigste Wasser führt und die Erde in zwei aus gleich viel Land bestehende Flächen teilt. Anders gesagt, sie ist die Mitte der Welt.

Eine Reise in die Mitte der Welt: Das war es wirklich für Susanne und Isidor, als sie das unglaubliche Bauwerk erforschten. Sie betraten die 47 Meter lange Galerie, die in die Königskammer führt. Nach einem etwas mühsamen Aufstieg im Innern des Steinriesen gelangten sie endlich zum Sarkophag des Cheops, an dem sie erleichtert durchatmeten.

– Hier zieht's!, stellte Isidor fest.

– Und wie! Das liegt daran, dass die Steinmassen in nördlicher und südlicher Richtung von zwei Luftschächten durchzogen werden. Die Seele des Pharaos konnte so in Richtung des Polarsterns nach Norden und in Richtung des Sternbilds Orion nach Süden entweichen. Eine der Funktionen der Pyramide war es nämlich, den Pharao in einen Stern in der Mitte des Himmels zu verwandeln, wo er ewig leuchten sollte.

– Das muss doch unheimlich lange gedauert haben, so eine riesige Pyramide zu bauen, hundert Jahre mindestens!, schätzte Susanne.

– Da irrst du dich. Vom Beginn der Herrschaft des Cheops um 2589 v. Chr. bis zum Ende der Herrschaft des Mykerinos um 2504 v. Chr. sind es nur etwas mehr als achtzig Jahre. Und in dieser kurzen Zeit wurden alle drei Pyramiden von Giseh sowie andere, kleinere Pyramiden, riesige Tempel und unzählige Gräber erbaut.

Die drei Wunder von Giseh

– Es ist ganz wichtig, sich klarzumachen, dass die Pyramide kein isoliertes Bauwerk ist, sondern zu einer architektonischen Gesamtheit gehört. Zunächst war da ein niedriger Tempel in der Nähe des Nils oder eines Kanals. Ausgehend von diesem Heiligtum, in dem Reinigungsrituale durchgeführt wurden, gab es einen überdachten Aufweg, dessen Mauern mit Reliefs geschmückt waren. Er führte zum Totentempel, der an eine der Pyramidenflächen anschloss. Dort brachte man dem pharaonischen Ka jeden Tag rituelle Opfer dar, und die Wiedergeburt des Lichts wurde gefeiert. Die Pyramide war nur dem königlichen Ka zugänglich, das mit den Göttern in Verbindung stand.

Isidor strich mit der Hand über einen der riesigen Steinblöcke der Königskammer.

– Hat man nicht tausende von Sklaven gebraucht, um so eine Pyramide zu bauen? Ich hab mal einen Film gesehen, da wurden sie mit Peitschen zur Arbeit gezwungen.

IM HERZEN DER GROSSEN PYRAMIDE Die »große Galerie« der Pyramide des Cheops, die zur »Königskammer« führt, ist eine der außergewöhnlichsten architektonischen Leistungen des Alten Reichs. Die Galerie hinaufzugehen ist ein unvergessliches Erlebnis.

DIE GROSSE PYRAMIDE VON CHEOPS
1. *Eingang*
2. *Große Galerie*
3. *Sargkammer, »Königskammer« genannt*
4. *Mittlere Kammer, »Königinnenkammer« genannt*
5. *Unterirdische Kammer*
6. *Luftschächte*

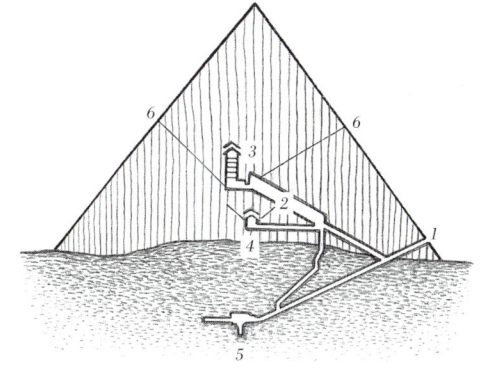

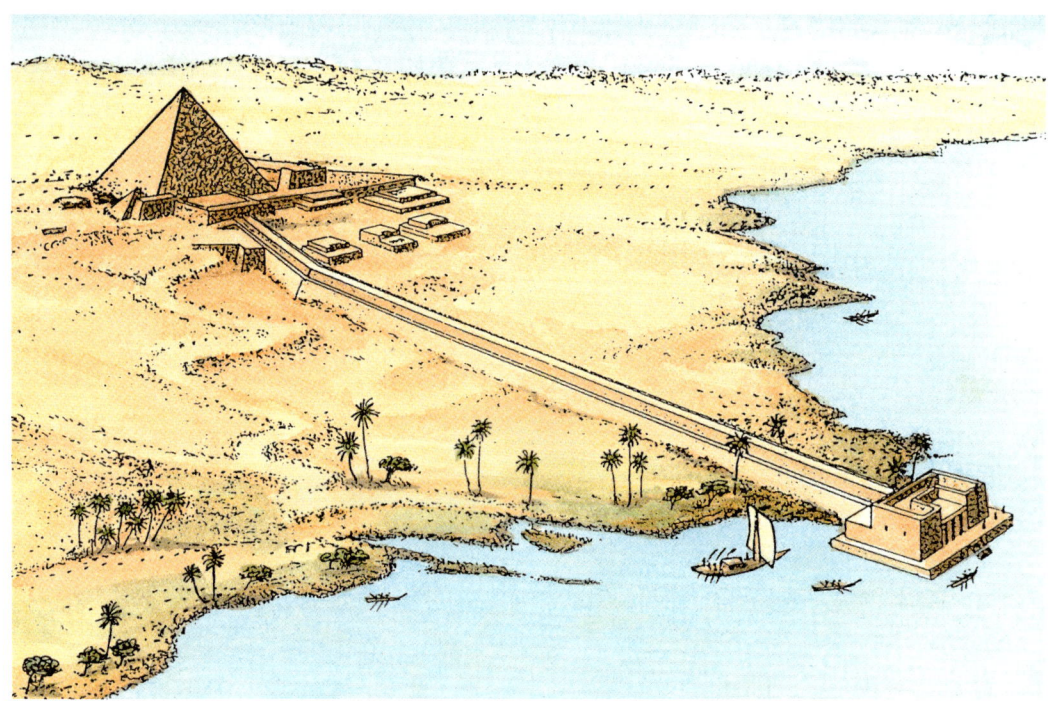

DIE PYRAMIDEN BILDEN EINE GESAMTHEIT
Die Pyramide ist kein isoliertes Bauwerk, sondern Teil einer architektonischen Gesamtheit, die aus einem Begrüßungstempel am Flussufer, einer befestigten Straße und einem Tempel besteht, der an eine der Pyramidenflächen anschließt. Die Pyramide selbst wird als Auferstehungstempel angesehen.

– Aber es stimmt nicht. In Wirklichkeit wurden die Pyramiden und Tempel von freien und gut bezahlten Menschen unter der Aufsicht sehr qualifizierter Baumeister errichtet, die der Pharao selbst ernannte. Im alten Ägypten spielten die Handwerker eine wesentliche Rolle. Um die höchsten Staatsämter zu bekleiden, war es von Vorteil, vorher, wie Imhotep, ein Handwerk ausgeübt zu haben. Natürlich gab es einen entscheidenden Unterschied zwischen den Arbeitern, die die einfachen Arbeiten ausführten, und den Bildhauern, die eine Elite bildeten.

Cheops kennt die Geheimnisse der Götter

– Weiß man eigentlich etwas über Cheops' Herrschaft?, fragte Susanne.
– Fast nichts. Er kannte das geheime Buch des Gottes Thot, mithilfe dessen er die große Pyramide erbauen konnte.

Außerdem regierte er über ein friedliches und wohlhabendes Ägypten. Es gibt eine Geschichte, die von ihm und einem Zauberer handelt, der abgeschlagene Tierköpfe wieder anbringen konnte: Cheops befahl, ihm einen zum Tode Verurteilten zu bringen, an dem er die Methode ausprobieren wollte. Der Zauberer lehnte ab: Man habe kein Recht, einen Menschen so zu behandeln. Cheops sah das ein und begnügte sich mit einer Gans oder einem Ochsen. Und wirklich: Der Magier brachte den eben abgeschnittenen Kopf wieder an.

Eins ist erstaunlich: Obwohl der Pharao die größte aller Pyramiden erbaut hat, ist von ihm nur eine ziemlich unscheinbare Darstellung übrig geblieben, eine 9 cm hohe, winzige Elfenbeinstatuette!

– In der ganzen riesengroßen Pyramide gab es keine einzige große Statue von ihm?, fragte Isidor ungläubig nach.

– Nein, denn der Sarkophag des Pharaos, seine Möbel für das Jenseits, die Krüge mit den mumifizierten Eingeweiden, all diese Reichtümer sind gestohlen oder zerstört worden. Der wichtigste Schatz ist in diesem Fall die Pyramide selbst als Symbol der Liebe, die das göttliche Universum mit der Erde Ägyptens verbindet.

ALS DIE STEINMETZE DIE PYRAMIDEN BAUTEN
Ein Steinmetz bei der Arbeit an den Steinblöcken der Cheopspyramide: So mag der Alltag im Alten Reich ausgesehen haben; überall ertönt der Lärm von Hammer und Meißel.

Die Pyramide wurde übrigens als lebendiges Wesen angesehen und »Achet«, »Ort des Lichts«, genannt.

– Lebendig ist gut, ich frage mich, wie es damals möglich war, solche riesigen Steinblöcke zu heben.

– Um ehrlich zu sein, sind wir uns über die Konstruktionsmethoden nicht ganz im Klaren. Man weiß, dass sie die Steine auf Erdrampen vor sich herschoben. Als Gleitmittel benutzten sie mit Wasser und Milch bespritzten Nilschlamm. Aber andere Hebetechniken sind bis heute unerforscht. Es muss Tricks gegeben haben, über die wir nichts wissen. Das außerordentliche Wissen der alten Ägypter über die Steine, ihre Auswahl und die Art ihrer Zusammenfügung ist bemerkenswert. Nicht mal eine Nadel passt zwischen zwei nebeneinander liegende Blöcke.

Die »große« Chephrenpyramide und die »kleine« Pyramide von Mykerinos

– Weiß man über Chephren und Mykerinos, die zwei anderen Könige, die auf dem Feld von Giseh Pyramiden gebaut haben, denn mehr als über Cheops?

– Was ihre Geschichte betrifft, nicht. Aber ihre Bauwerke stehen noch immer; weder der Zahn der Zeit noch menschliche Zerstörungswut haben ihnen etwas anhaben können. Die

Chephrenpyramide, »die große« genannt, ist fast so hoch wie die des Cheops; ihr Taltempel, in dem die eindrucksvolle Statue entdeckt wurde, die wir im Ägyptischen Museum gesehen haben, ist aus riesigen Steinblöcken gebaut, von denen einige mehr als 150 Tonnen wiegen. Und im fast vollständig zerstörten Totentempel steht noch ein über 400 Tonnen schwerer Steinblock. Obwohl die Pyramide des Pharaos Mykerinos mit 66 Meter Höhe deutlich kleiner ist als die beiden anderen, besteht sie aus den gewaltigsten Blöcken.

Einer Inschrift zufolge, die in das Grab eines Würdenträgers geritzt worden ist, hat Mykerinos die Baustelle besucht, um den Bau seiner so genannten »göttlichen« Pyramide zu überprüfen. Er hinterließ dem Baumeister, den Handwerkern und dem Befehlshaber der Frachtschiffe, die die Bausteine heranschafften, seine Anweisungen.

DER TRANSPORT LANDWIRTSCHAFT-LICHER PRODUKTE Diese Darstellung aus dem Grab von Iti (Museo Egizio, Turin) zeigt, wie sehr der Mensch beim

– Im Grunde kann man doch Folgendes über die drei Pharaonen Cheops, Chephren und Mykerinos sagen: Sie bauten Pyramiden und regierten über ein glückliches Volk, versuchte Isidor seine neuen Erkenntnisse zusammenzufassen.

Transport des Korns auf das Tier angewiesen ist: Unermüdlich ist der Esel bei der Arbeit.

Ein glückliches und arbeitsames Volk

– So allgemein formuliert mag das vielleicht stimmen, aber der Ägyptologe kann beim Studium von Architektur, Kunst und Texten dieses goldenen Zeitalters noch einiges mehr ent-

*DER PHARAO
MYKERINOS*
*Mykerinos wird
hier von zwei
Frauengestalten
begleitet; die eine
stellt Hathor dar,
die andere ist die
Personifikation
eines der ägypti-
schen Gaue;
Hathors Kopf-
schmuck hat die
Form einer Sonne,
die von Kuhhör-
nern eingefasst ist.*

decken. Da erfährt man beispielsweise, dass wir es mit einer von Arbeit und Disziplin geprägten Gesellschaft zu tun haben, die sich in verschiedene soziale Schichten unterteilt. Der Wissensstand in Medizin, Geometrie und Astronomie war sehr groß. Hervorzuheben ist auch die Stellung der Frau: Sie hatte unglaublich viele Freiheiten und Rechte, die sie spä-

ter in Griechenland und Rom wieder verlor und in vielen Gesellschaften bis heute nicht wiedergewonnen hat.

– Woher weiß man das denn?

– Um den Alltag kennen zu lernen, muss man die Grabdarstellungen betrachten. Das Wort »Grab« ist eigentlich falsch und diesen »Gemächern für die Ewigkeit«, die von Farben und Leben strotzen, überhaupt nicht angemessen. Man kann auf den Darstellungen viele verschiedene Sachen sehen: die Zählung des Viehs, die Ernte, den Erntetransport mit Lasteseln, die Flachsernte, die Zubereitung von Brot und Bier, die Weinlese, Jagdszenen in der Wüste und in den Sümpfen, die Fischerei, den Bau von Papyruskähnen und Schiffen aus Holz. Abgebildet sind zudem noch Goldschmiede, Schreiner, Töpfer, Schuster, Bildhauer, Musiker und Tänzer, Marktszenen usw. All diese alltäglichen Beschäftigungen eines fröhlichen und arbeitsamen Volkes wurden auf diese Weise unsterblich gemacht und mit dem Jenseits in Verbindung gebracht.

DIE SCHÖNHEIT DES AUGENBLICKS
Rücken an Rücken stehen hier zwei Antilopen und lassen es sich schmecken. Im alten Ägypten gab es talentierte Tierzeichner, die sich durch ihren genauen Strich, die Eleganz ihrer Formgebung und ihre gute Beobachtungsgabe auszeichneten.

HANDWERKER BEI DER ARBEIT
Die Darstellung des thebanischen Grabes von Rechmire zeugt von der Vielfalt des Handwerks und der strengen Arbeitsteilung im alten Ägypten.

BEI DER VOGELJAGD
Auf diesem wunder-
vollen Relief eines
thebanischen Grabes
der 18. Dynastie ist
die Vogeljagd in den
Sümpfen dargestellt.
Der Jäger hält einen
Stock in der Hand,
wobei ihm seine

– Hier sind wir ja aber in der Nähe der Hauptstadt Memphis, sagte Susanne zweifelnd. Doch was war mit dem Rest des Landes?

– Der Rest des Landes war in Gaue aufgeteilt. Die Gaue wurden von Verwaltern geleitet, die dem Pharao Gehorsam leisten mussten. Außerdem gab es dort Grundbesitzer, deren Aufgabe es war, große landwirtschaftliche Betriebe in Gang zu halten und für die Ernährung ihrer Beschäftigten zu sorgen. Sie stellten sicher, dass die Landwirtschaft gut funktionierte. Alle Reichtümer wurden zum Tempel befördert, von wo aus sie gerecht, der Regel von Maat gemäß, verteilt wurden. Eine häufig verwendete Redensart war: »eine Opfergabe des Pharaos«. Denn der Pharao war grundsätzlich das Wesen, das gibt und schenkt, damit Ägypten sich mit dem Himmel vergleichen kann und es dem Volk an nichts fehlt.

Frau und
seine kleine
Tochter, die in
einem Papyruskahn
sitzen, zusehen.

Pepi II. oder die längste Herrschaft der Geschichte

Das war aber noch nicht das Ende unseres Pyramiden-besuchs, denn eine neue Überraschung erwartete uns in Sakkara, unweit der Stufenpyramide von Djoser. Dazu mussten wir uns in eine Pyramidenruine begeben. Ich ließ Susanne und Isidor das Monument betreten und

einen engen Gang hinuntergehen, in dem man sich nur ge-
bückt fortbewegen konnte. Nachdem wir durch einige Stein-
tore gelaufen waren, konnten wir uns wieder aufrichten und in
eine Halle gehen, an deren Ende sich ein Sarkophag befand.

Die Pyramidentexte

– Schaut euch die Wände gut an; erkennt ihr
einen Unterschied zu denen der Cheopspyramide?
Die beiden antworteten wie aus einem Munde:
– Die Hieroglyphen!
– Wir sind in der Pyramide von Unas, dem letzten Pharao der 5. Dynastie; und dies ist die erste
Pyramide, über die man Genaueres erfahren
konnte, weil sie Hieroglyphen enthält. Von Unas'
Herrschaft an bis zum Ende des Alten Reiches
waren die Wände in den Pyramiden der Pharaonen und einiger Königinnen nun stets mit diesen
so genannten Pyramidentexten bedeckt.
– Und was steht da?, fragte Susanne.
– Das, was für die alten Ägypter am wichtigsten
war, nämlich wie der Pharao über den Tod und die Gefahren
des Jenseits siegt. Den Himmel kann er schwimmend erreichen oder dadurch, dass er sich in einen Vogel, in Wind, in
Rauch verwandelt. Durch diese Verwandlungen wiederholt
sich ständig seine Auferstehung.
Ein weiterer Ausflug in die Wüste machte uns jetzt mit einem
neuen Pharao, Pepi II., bekannt. Nachdem Susanne und Isidor zunächst enttäuschte Blicke auf die Ruinen der Pyramide
und den Tempel von Pepi II. geworfen hatten, begannen sie
schließlich doch noch, hier eine Tür, dort den Beginn einer
Treppe zu entdecken und sich für die vier Jahrtausende alten
Steine zu interessieren.

*ALS DIE
PYRAMIDEN
ZU SPRECHEN
BEGANNEN
Unas, dessen
Name hier im
Königsring zu sehen
ist, war der erste
Pharao, der die*

*Innenwände seiner
Pyramide mit
Hieroglyphen
beschriften ließ;
sie beschreiben ein
umfangreiches
Ritual zur Auf-
erstehung des
Verstorbenen.*

Der alte Weise und das Pharaonenkind

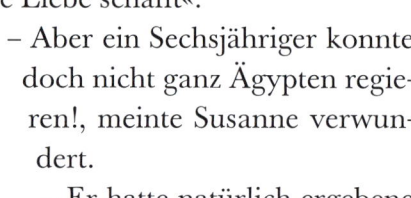

– Pepi II., ein Pharao der 6. Dynastie, wur-de mit sechs Jahren zum König Ägyptens erwählt. Da er erst hundertjährig starb, dauerte seine Herrschaft vierundneunzig Jahre. Das war wahrscheinlich die längste Herrschaft der Geschichte überhaupt.

– Ich dachte immer, früher wären die Leute gar nicht so alt geworden. War das in Ägyp-ten denn anders?, wunderte sich Susanne.

– Den Schriften der Weisen, zum Beispiel Ptahhotep zufolge lag die Lebenserwartung bei hundertundzehn Jahren. In diesem Al-ter schrieb er seine berühmten Maximen, die später in den Schulen gelehrt wurden. Ptahhotep schreibt, dass »Hören al-les übertrifft« und dass ein »gutes Hörverständnis die perfekte Liebe schafft«.

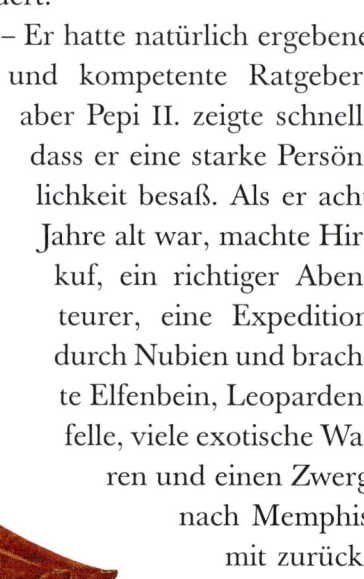

– Aber ein Sechsjähriger konnte doch nicht ganz Ägypten regie-ren!, meinte Susanne verwun-dert.

– Er hatte natürlich ergebene und kompetente Ratgeber, aber Pepi II. zeigte schnell, dass er eine starke Persön-lichkeit besaß. Als er acht Jahre alt war, machte Hir-kuf, ein richtiger Aben-teurer, eine Expedition durch Nubien und brach-te Elfenbein, Leoparden-felle, viele exotische Wa-ren und einen Zwerg nach Memphis mit zurück.

Was für eine Freude für den jungen Pepi! In einem Brief bat der Pharao den Forscher, sich um den Zwerg gut zu kümmern und über seine Gesundheit zu wachen. Der verwöhnte Zwerg tanzte später sogar vor dem König.

Erwähnenswert ist auch Uni, ein anderer großer Diener Pepis. Uni stammte aus einfachen Verhältnissen und wurde Vertrauter des Königs von Ober- und Unterägypten. Ihn beauftragte der König, schlechte Untertanen zu verhaften. Uni war es auch, den er an der Spitze einer kleinen Armee losschickte, um »die, die im Sand sind«, das heißt räuberische Beduinen, zurückzudrängen, die gerade den Nordosten des Deltas und die Sinai-Halbinsel angriffen. General Uni siegte, wies aber seine Soldaten an, die dortige Bevölkerung gut zu behandeln und auf Brutalität und Plünderungen zu verzichten. Doch erwarteten den ergebenen Uni weitere Aufträge: Pepi II. schickte ihn nach Nubien, um die Handelsbeziehungen mit dem Süden in Ordnung zu bringen. In Elephantine rüstete er zwölf Schiffe, um Rosengranitblöcke für die Pyramide des Königs zu holen. Außerdem ließ er fünf schiffbare Öffnungen in die Felsen des ersten Kataraktes brechen.

AFRIKANISCHE SCHÄTZE Dieses Relief, das im British Museum aufbewahrt wird, zeigt, wie Schätze aus Nubien gebracht werden: Die erste Figur bringt Gold, die zweite einen Giraffenschwanz und einen Ebenholzthron, die dritte (die einen Affen auf der Schulter trägt) ein Leopardenfell und Weihrauch, die vierte Speere.

Der Niedergang des ersten goldenen Zeitalters

– Aber die glücklichen Zeiten gingen zu Ende. Der letzte Pharao des Alten Reiches war eine Frau, Nitokris. Sie konnte leider gegen die schweren Unruhen, die die pharaonische Gesellschaft bedrohten, nichts mehr ausrichten.

– Was war denn passiert?, fragte Isidor.

– Ob es nun eine Wirtschaftskrise, eine Naturkatastrophe, die Machtergreifung durch einige Gauverwalter oder die Besetzung des Deltas durch die Beduinen war, niemand weiß, auf welche genauen Ursachen die Unruhen dieser Ersten Zwischenzeit zurückzuführen sind, die ungefähr hundertzwanzig Jahre, von 2180 bis 2060 v. Chr., andauerten. Es gab zwar immer noch Dynastien und Pharaonen, aber keiner war fähig, über die Gesamtheit des Landes zu regieren. So blieb nichts anderes übrig, als auf einen Pharao zu warten, der die beiden Länder wieder vereinigen würde.

DAS GLEICHGEWICHT DES MITTLEREN REICHES UND ÄGYPTEN UNTER SESOSTRIS

Unser Taxi verließ Kairo in Richtung Südwesten; Sakkara, wo Susanne und Isidor eindrucksvolle Augenblicke erlebt hatten, lag nun hinter uns.

– Den königlichen Aufzeichnungen zufolge gelang es erst dem fünften Pharao der 11. Dynastie, Mentuhotep II. – dessen Name »Mentu (ein Kriegsgott in Gestalt eines Falken) ist in Frieden« bedeutet –, neuerlich Ruhe und Ordnung in Ägypten herzustellen. Da er Ober- und Unterägypten wieder vereinigte, betrachteten ihn die Älteren als einen neuen Menes und Begründer eines neuen Zeitalters, in dem die früheren Werte des pharaonischen Reichs abermals respektiert würden. Die Ägyptologen nennen dieses Zeitalter das »Mittlere Reich«. Es dauerte etwas weniger als drei Jahrhunderte, von 2060 bis 1785 v. Chr., und wies während der 11. und 12. Dynastie drei große Pharaonennachfolgen auf: drei Mentuhotep-Könige, vier Amenemhet-Könige (»Amun ist vorn«) und drei Sesostris-Könige (»Der Mann der Mächtigen [Göttin]«). Bevor ich euch von ihnen erzähle, möchte ich euch einen ihrer bevorzugten Orte zeigen.

Das Mittlere Reich

Beginn der 11. Dynastie: **Antef I., II.** und **III.** in Theben.

11. Dynastie, von 2060 bis 1991 v. Chr.: der wahre Beginn des Mittleren Reiches mit **Mentuhotep I.–III.**

12. Dynastie, von 1991 bis 1785 v. Chr.: die **Amenemhet-** und **Sesostris-**Könige.

Der Garten des Fayum

Das Paradies
auf Erden
Ein Garten im Gau
des Fayum zur Blüte-
zeit der Ringelblumen.

Mentuhotep als ▷
Osiris: Diese Skulptur
aus dem Tempel von
Der el–Bahri (Ägypti-
sches Museum, Kairo),
zeigt den König Mentu-
hotep als Osiris. Er trägt
die Rote Krone und den
Götterbart und hält die
Gotteszepter in seinen
Händen.

Und so machten wir einen Ausflug in das ungefähr hundert Kilometer süd-westlich von Kairo gelegene Fayum. Im Fayum ergießt sich ein Nebenarm des Nils in einen See, den Birket Karun. Um den See herum befanden sich zu Susannes und Isidors Überraschung viele Gärten, üppige und wuchernde Natur, ein kleines Paradies sozusa-gen, das bereits zur Zeit der Pharaonen sehr tier- und pflanzenreich war. Unter schattigen Weiden, Aka-zien und Sykomoren bauten die Dorfbewohner damals schon Wei-zen, Flachs und Wein an. Der See ist die Widerspiegelung des Urozeans auf Erden, den die Ägypter »Vater und Mutter von Göttern und Menschen« nannten. An seinem Ufer aßen wir zu Mittag.

– Diese Gegend ist doch bestimmt nicht von Natur aus so grün, stellte Isidor fest.

– Nein, du hast Recht. Sie wurde von den Pharaonen des Mittleren Reiches so angelegt, indem sie in Illahun eine Schleuse bauten, um die Wasserhöhe zu regulieren. Auf diese Weise schufen sie ein Heiligtum. Im alten Ägypten wurden gewisse Tiere nämlich als heilig betrachtet, weil ihnen an-geblich eine göttliche Kraft innewohnte. Es war also verbo-ten, sie zu töten. Jede Tierart besaß mindestens ein Heiligtum. Das Fayum war das Heiligtum des Furcht einflößenden Kro-kodils. Dem Mythos zufolge hatte es die Sonne vom Meeres-grund heraufgeholt und sichtbar gemacht.

Wir begaben uns an den geschichtsträchtigen Ort Hauwara,

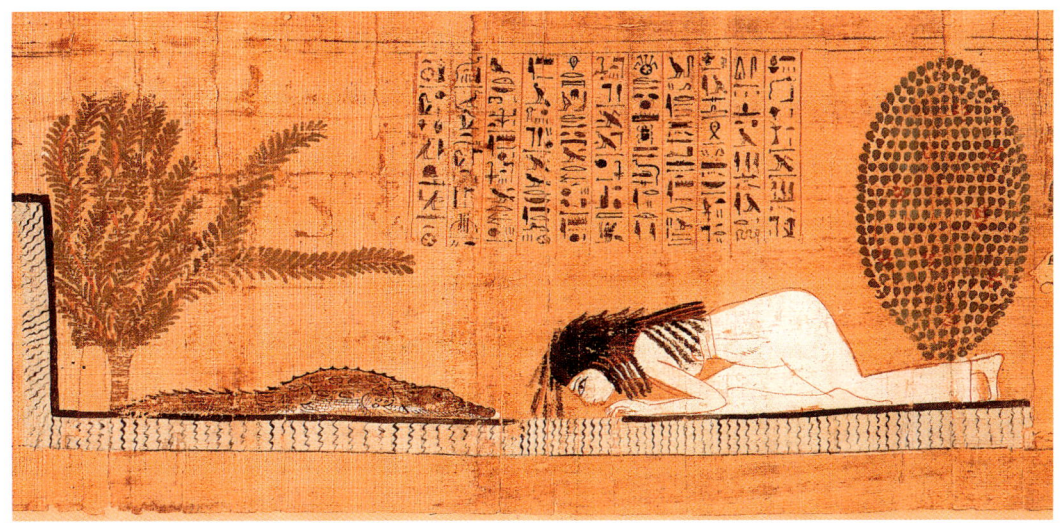

wo nur noch wenige Überreste einer Pyramide und eines riesigen Totentempels von Amenemhet III. zu sehen sind.
– Die architektonischen Werke der Pharaonen des Mittleren Reiches sind fast völlig verschwunden, entweder aufgrund von Zerstörungen oder weil die Steinblöcke später für andere Bauwerke wieder verwendet wurden. Mentuhotep II., der etwa fünfzig Jahre lang regierte, brachte das Land wieder voran; er setzte sich für die Wiedereinführung eines starken Staates ein, plante Tempelbauten im ganzen Land, festigte die Grenzen im Süden und im Norden und förderte den wirtschaftlichen Wohlstand, indem er Handwerk und Landwirtschaft sowie kulturelle und künstlerische Aktivitäten unterstützte. Die Angst vor dem Wiederaufleben der Unordnung verging, das Gleichgewicht war wiederhergestellt.

BEGEGNUNG MIT DEM KROKODIL
Diese Szene eines Papyrus aus dem »Buch der Toten« (Ägyptisches Museum, Kairo) lässt uns an einer der gefahrvollsten Prüfungen teilnehmen, die eine Priesterin zu bestehen hatte: Sie kniet vor einem Krokodil nieder, das in Ägypten nicht als Ungeheuer gefürchtet, sondern als Gott der fruchtbaren Wasser angebetet wurde.

Lasst uns nun in die Hauptstadt der 12. Dynastie gehen, nach Lischt.

Lischt ist den Touristen unbekannt. Die Stadt ist immer noch sehenswert, obwohl zwei Pyramiden des Mittleren Reiches zerstört worden sind.

Susanne und Isidor stiegen leichtfüßig auf die Spitze der grö-ßeren Pyramide, die einem riesigen Hügel glich. Von dort überblickten sie eine eindrucksvolle Landschaft, die aus Acker-land, Palmenwäldern und Wüste bestand. Wegen des starken Windes mussten wir uns allerdings auf den Boden hocken.

Die Sesostris-Könige

Es gibt eine historische und zugleich mythische Figur, die für sich allein schon das Mittlere Reich symboli-siert: Sesostris. Zwar gibt es drei Könige mit diesem Namen, doch im Lauf der Zeit wurden sie zu einem einzigen Pharao vereinigt. Die Götter waren ihm wohlgesonnen, und so führte er einen siegreichen Krieg gegen Libyen. Nach neun Jahren Kampf kam er zurück nach Ägypten, entging einem Umsturzversuch, der von seinem Bruder geplant worden war, ließ Tempel und Deiche bauen und Nil und Rotes Meer mit einem Kanal verbinden. Sesostris betrieb eine ausgezeich-nete Landwirtschaftspolitik und respektierte die Gesetze, so-dass seine Herrschaft Sinnbild für Frieden und süßes Leben wurde.

– Ist das jetzt nur eine Legende, oder ist das alles wahr? Ich meine, wenn schon drei Könige zu einem werden!, sagte Su-sanne ungläubig.

– Einen wahren Kern gibt es wirklich: Sesostris I., »Der durch Macht erobernde Falke«, wollte tatsächlich Nubien erobern, und er ließ auch wirklich Burgen auf der Höhe des zweiten Kataraktes bauen. Aber er war eigentlich ein Mann des Friedens, dem daran lag, ein mächtiges und selbstbe-wusstes Reich zu errichten. Im Jahr 38 seiner Herr-

FREMDE BEIM SPAZIERGANG
Die Malereien in den Gräbern von Beni Hassan stellen Einzelheiten aus dem Alltag im Mittleren Reich dar. Hier sehen wir fremde Damen zu Gast im Land der Pharaonen. Zur Feier des Tages haben sie ihre schönsten Kleider angezogen.

schaft schickte er 18 000 Männer in die Steinbrüche von Wadi Hammamat in der östlichen Wüste, um Steine für den Bau von ungefähr sechzig Sphinxen und hundertfünfzig Statuen zu holen. Während der Suche nach einem besonders schönen Stein für einen Sarkophag geschah ein Wunder. Vor den ungläubigen Augen der Ägypter brachte eine Gazelle ein Junges auf einem Steinblock zur Welt, der sich als so perfekt entpuppte, dass er direkt als Sargdeckel auf einen Sarkophag passte.

DIE WEISSE KAPELLE
Dieses kleine Bauwerk aus dem Mittleren Reich ist im Freilichtmuseum des Tempels von Karnak zu besichtigen. Es gibt uns eine Vorstellung von der eindrucksvollen Architektur dieser Zeit, von der nur sehr wenig übrig geblieben ist.

Ein eiserner Pharao

Dank seiner sehr klugen Außenpolitik hielt Sesostris I. Asiaten, Libyer und Nubier davon ab, Ägypten anzugreifen. Mithilfe seines Wesirs verabschiedete er neue Gesetze, sorgte für Recht und Ordnung und dafür, dass die Eigentumsrechte gesichert wurden. Die Verwaltung wurde gestrafft, und für jede Ausgabe

forderte man eine genaue Begründung. Außerdem leitete der Pharao eine ziemlich schwierige Reform ein, die die von den Gaufürsten während der Unruhen erworbenen Vorrechte wieder abschaffen sollte.

Diejenigen, die unrechtmäßig oder gewaltsam Ländereien an sich gebracht hatten, mussten sie zurückgeben und sich als treue Untertanen Sesostris' erweisen. Im Gegenzug erlaubte Sesostris ihnen, sich prachtvolle Gräber zu bauen, vor allem in Mittelägypten, in Beni Hassan, el-Berscheh und in Mer. Die Gaufürsten hatten genau festgelegte Pflichten: Die Armen mussten mit Essen, Trinken und Kleidung versorgt und ohne Entgelt über den Nil gefahren werden, die Starken galt es daran zu hindern, die Schwachen erneut zu unterdrücken. Unter großer Anstrengung gelang es Sesostris und den weiteren Pharaonen des Mittleren Reiches, eine Zivilisation aufzubauen, die dem Modell des Alten Reiches gerecht wurde.

– Ist wirklich kein einziges Bauwerk von Sesostris übrig geblieben?

– Na ja, indirekt schon, aber nicht so, wie du denkst. Man kann nämlich auch von einem »auferstandenen« Schmuckstück reden. Es heißt die »Weiße Kapelle« und ist jetzt im Freilichtmuseum von Karnak zu sehen. Ursprünglich wurde sie für das Erneuerungsfest des Pharaos errichtet. Nach Sesostris' Tod trugen seine Nachfolger sie sorgfältig ab und verbauten die Blöcke, als heiliges Fundament im Innern des dritten Eckturms von Karnak. Als dieser so genannte Pylon 1938 geöffnet wurde, hatte der französische Architekt Chevrier die Idee, die Kapelle wieder zusammenzusetzen. In ihre Wände sind prächtige Hieroglyphen eingraviert, die uns darauf hinweisen, dass zur Zeit von Sesostris literarische Meisterwerke entstanden sind, wie zum Beispiel die berühmte Erzählung von Sinuhe.

Das Märchen von Sinuhe

– Was für eine Erzählung von Sinuhe? Keine Ahnung!, sagte Isidor.

– Es geht dabei um das mehr oder weniger freiwillige Exil eines Würdenträgers von Sesostris I. Als eine Art James Bond der ägyptischen Antike war er ägyptischer Geheimagent bei den Beduinen. In einem außergewöhnlichen Kampf trat er gegen einen übermächtigen Gegner an und besiegte ihn in ähnlicher Weise wie bei David und Goliath. Als Belohnung heiratete er die Tochter eines palästinensischen Prinzen und wurde unter den Feinden Ägyptens ein reicher und geachteter Mann. Als Anführer der Beduinen gelang es Sinuhe, gefährliche gegnerische Stämme unschädlich zu machen und in einem zuvor aufständischen Gebiet wieder Ordnung herzustellen. Aber je älter er wurde, umso stärker wurde Sinuhes größter Wunsch: in seine Heimat Ägypten zurückzukehren. Schließlich empfing ihn das Königspaar, gab ihm eine Stellung bei Hofe, ein wunderbares Haus und zu guter Letzt auch ein schönes Begräbnis.

DIE BEEINDRUCKENDE DARSTELLUNG EINER EULE Hieroglyphen mit Vorderansicht haben Seltenheitswert. Diese hier stammt aus der Weißen Kapelle Sesostris' und stellt die bemerkenswerten Fähigkeiten der damaligen Bildhauer unter Beweis.

Ein bedachter Feldherr

Dann war also Ägypten bei allem inneren Frieden außen von Feinden umgeben. Und die wollten es natürlich unbedingt haben, stellte Isidor fest.

– Sesostris III., ein Nachfolger Sesostris I., war davon zutiefst überzeugt. Statuen von ihm zeigen das Gesicht eines ernsten, strengen Mannes, der weiß, dass die Menschheit nichts Gutes im Sinn hat. In seinem achten Regierungsjahr leitete er eine Expedition nach Nubien, um dort die gefährdete Sicherheit wiederherzustellen. Auf den Stelen, also auf den frei stehenden Steintafeln, die Sesostris im 16. Regierungsjahr an der Südgrenze aufstellen ließ, stand: »Ich habe diese Grenze ein-

DAS ERNSTE GESICHT SESOSTRIS III. Die rundplastischen Porträts dieses Pharaos zeigen einen Mann

mit nüchternem, ernstem Charakter, der sich über die Bedeutung seiner Funktion und die damit einhergehende Verantwortung völlig im Klaren ist.

geführt und die von meinen Vätern gesteckten Grenzen überschritten, ich habe das vergrößert, was ich bekommen habe. Ich bin ein König des Wortes und der Handlung; was in meinem Herzen wächst, setze ich in die Tat um.« In den dreizehn Burgen, die Sesostris zwischen Elephantine und Semna an der Südspitze des zweiten Kataraktes bauen oder vergrößern ließ, wurden ägyptische Garnisonen stationiert, die jeglichen Angriffsversuch aus Nubien unterbanden. Fast drei Jahrhunderte später sollte sich diese Vorsichtsmaßnahme als besonders sinnvoll erweisen und das Land vor einer Katastrophe bewahren. Seine Strenge machte Sesostris III. in Nubien nicht etwa unbeliebt, im Gegenteil; die bestehenden Handelsbeziehungen mit Ägypten waren für die Nubier von Vorteil und noch lange nach Sesostris' III. Tod hielten sie den fremden König in Ehren.

Auch nach Syrien und Palästina schickte Sesostris seine Soldaten zur Unterbindung von Aufständen. Schließlich gelang es ihm darüber hinaus, die nördliche Grenze zu befestigen. Das pharaonische Heer bestand übrigens aus Bogenschützen und Kämpfern, die mit Schilden, Wurfspießen und Schwertern bewaffnet waren. Das wissen wir, weil Soldaten in Form von Holzstatuetten nachgebildet und in die Königsgräber gestellt wurden. Aber es gab auch noch eine andere, eher geistige Macht: eine staatlich angeordnete magische Beschwörung, die den Feind unschädlich machen sollte. Dabei sprach man Bannungstexte über Gefangenenstatuetten aus, deren Hände auf dem Rücken gefesselt waren. Dann zerstörte man die Figuren und warf sie ins Feuer.

Die gefährlichen Hyksos

– Haben all diese Vorsichtsmaßnahmen wirklich geholfen?
– Während der Herrschaft von Sesostris III. ja. Aber dann kam über den Nordosten des Deltas eine riesige Invasion nach Ägypten, die das ägyptische Heer unmöglich aufhalten konnte. Sie ging aus von den »Hyksos«. Das Wort leitet sich vom ägyptischen Ausdruck Heqa Hasut ab, was »die Herrscher der Fremdländer« bedeutet. Laut Manetho, dem Geschichtsschreiber, den ihr ja schon kennt, »marschierten Besetzer unbestimmter Herkunft in unser Land und übernahmen es einfach, ohne dass eine Schlacht stattfand, mit Gewalt … Sie setzten die Städte skrupellos in Brand, zerstörten die Gottestempel, töteten die Männer und machten

DIE NUBIER IM KAMPF Die nubischen Kämpfer konnten ausgezeichnet mit Bogen und Stock umgehen; ihre entschlossenen Gesichter und ihre hervortretenden Muskeln lassen auf großen Mut schließen.

Frauen und Kinder zu Sklaven.« Zwei Jahrhunderte, von 1785 bis 1570 v. Chr., hielten die Einwanderer das Delta besetzt. Der Süden dagegen, vor allem die Stadt Theben, blieb frei. So begann die Zweite Zwischenzeit.

– Und wer waren die Hyksos?, wollte Isidor wissen.

– Wahrscheinlich syrische und palästinensische Stämme, die sich verbündet hatten.

– Wie war das denn? Gab es in dieser Zweiten Zwischenzeit keine Pharaonen mehr?, hakte er nach.

– Doch, weil die Hyksos im Norden genauso als Pharaonen betrachtet werden wollten wie die ägyptischen Prinzen im Süden. Fünf Dynastien lang, von der 13. bis zur 17., dauerte diese von Wirren geprägte Zeit, in der sich Hyksos und Ägypter abwechselnd die Königskrone aufsetzten. Wie viele Pharaonen es in dieser Zeit genau gegeben hat, weiß man nicht. Die Bevölkerung allerdings konnte sich mit der Eroberung durch die Hyksos, die sich in Auaris (dem heutigen Tell el-Daba), einer im Delta gelegenen Festung, niedergelassen hatten, nie abfinden.

– Und wie sind sie die Hyksos dann wieder losgeworden?

– Die Befreiung gehört schon zum Beginn des Neuen Reiches; wir müssen nach Theben, um davon etwas zu erfahren.

DAS NEUE REICH UND DIE PHARAONENFRAU

S chon in Giseh hatten wir die Sonne hinter den Pyramiden aufgehen sehen. Nun genossen wir dieses
Schauspiel aufs Neue am Ufer des Nils in Luxor. Der
kleine Touristenort liegt an der Stelle, an der sich früher das
hunderttorige Theben erhob.
»Wasser und Erde«, so besagt ein Text, »entstanden hier zum
ersten Mal, der Sand kam an den Rand der Felder und bildete eine Erhöhung. Und so entstand die Erde.«

Die Befreierpharaonen

I n Theben fand die Erschaffung der Welt
statt, und in Theben entstand auch eine
Widerstandsbewegung gegen die Hyksos-
Besetzung. Die letzten Pharaonen der
17. Dynastie, die im Süden herrschten, be-
schlossen, den Norden zurückzuerobern.
Anführerin in diesem Kampf war die
Königin Iahhotep (»Der Mond – Kriegsgott – ist in Frieden«). Sie schickte ohne
Zögern ihre Söhne in den Krieg, während
sie selber eisern über die Provinz von Theben wachte. Sie starb im hohen Alter
von über achtzig Jahren.
Inzwischen erfüllte die Sonne das
Grün der Felder, das Blau des Nils
und die Ockerfarbe der Tempel
wieder mit Leben.
– Vermutlich hat es doch viele
Schlachten gegeben? Denn die

Gegner müssen doch stark gewesen sein, oder?, meinte Isidor.

– Es waren in der Tat einige. In der ersten Schlacht wurde der thebanische König Sekenenre getötet. Die tödlichen Verletzungen kann man heute noch am Kopf seiner Mumie erkennen. Dieser Verlust ließ den neuen König Kamose jedoch keineswegs verzweifeln, obwohl er fürchtete, von den Hyksos im Norden und den Nubiern im Süden in die Zange genommen zu werden. Doch deren Bündnisversuch scheiterte. So eroberte Kamose, dessen »Soldaten wie eine Feuersbrunst vor ihm herschritten«, die von den Hyksos beherrschten Gaue wieder zurück und verjagte deren Verbündete, »indem er sich wie ein Falke auf sie stürzte«. Die Hyksos zogen sich ins Innere ihrer befestigten Hauptstadt Auaris zurück, und Kamose gelang es nicht, die verhasste Stadt zu erobern. Erst seinem Nachfolger Ahmose war dieser Erfolg beschieden. Aus diesem Grund betrachten die Ägypter Ahmose als den Begründer eines neuen Zeitalters, das die Ägyptologen als das »Neue Reich« bezeichnen und das ungefähr fünf Jahrhunderte andauerte (1570 bis 1069 v. Chr.).

Das siegreiche Theben

– Gibt es denn irgendwelche Wandzeichnungen oder Texte in Hieroglyphen über die Schlacht um Auaris?, fragte Susanne.

– Ja, denn ein Ahmose, ein Soldat, der an den Kämpfen beteiligt war, hat die Beschreibung der Schlacht in die Wände seines Grabes von Elkab in

Das Neue Reich

Das Neue Reich umfasst die 18., 19. und 20. Dynastie. Es hielt von 1570 bis 1069 v. Chr., also rund fünf Jahrhunderte.

Die 18. Dynastie wurde von **Ahmose** begründet, der von 1570 bis 1545 v. Chr. regierte. Auf ihn folgten der Erste der **Amenophis**-Könige, dann zwei **Thutmosis**-Könige und dann die berühmte Pharaonin **Hatschepsut** (1498 – 1483 v. Chr.).

Nach dem Tode Hatschepsuts folgte **Thutmosis III.** (1504 – 1450 v. Chr.), der zwar vor ihr zum Pharao ernannt worden war, aber erst jetzt den Thron bestieg.

Auf **Amenophis II.** und **Thutmosis IV**. folgte **Amenophis III.** (1386 – 1349 v. Chr.). Reichtum und Schönheit dieser Regierungszeit bilden den Höhepunkt der Dynastie. Namentlich der Tempel von Luxor, die Statuen des Königs, der Königin und ihrer Würdenträger und der Schmuck der thebanischen Gräber zeugen davon. Dann folgt das religiöse Experiment von **Echnaton** (1350 – 1334 v. Chr.). Er verließ Theben, um eine neue Hauptstadt zu gründen. Der berühmte Pharao **Tutanchamun** (1334 – 1325 v. Chr.) machte Theben wieder zur Hauptstadt Ober- und Unterägyptens. Sein Grab im Tal der Könige, das von dem englischen Ägyptologen Carter ungeplündert aufgefunden wurde, enthielt außerordentliche Reichtümer. Tutanchamun starb früh; der Beamte Eje trat, jedoch nur für kurze Zeit, seine Nachfolge an.

Die Dynastie ging mit der Herrschaft von **Haremhab** (1321 bis 1293 v. Chr.) zu Ende. Er führte wichtige rechtliche Reformen ein und bereitete die Entstehung der 19. Dynastie vor, deren wichtigster Pharao **Ramses II.** ist.

Oberägypten einritzen lassen. Ahmose diente unter der Herrschaft dreier Pharaonen: Ahmose – sie trugen wirklich denselben Namen –, Amenophis I. und Thutmosis I. Er hatte sich ganz und gar der Befreiung seines Landes verschrieben und wurde dafür mit dem »Ehrengold« und anderen Auszeichnungen belohnt. Die höchste militärische Auszeichnung wa-

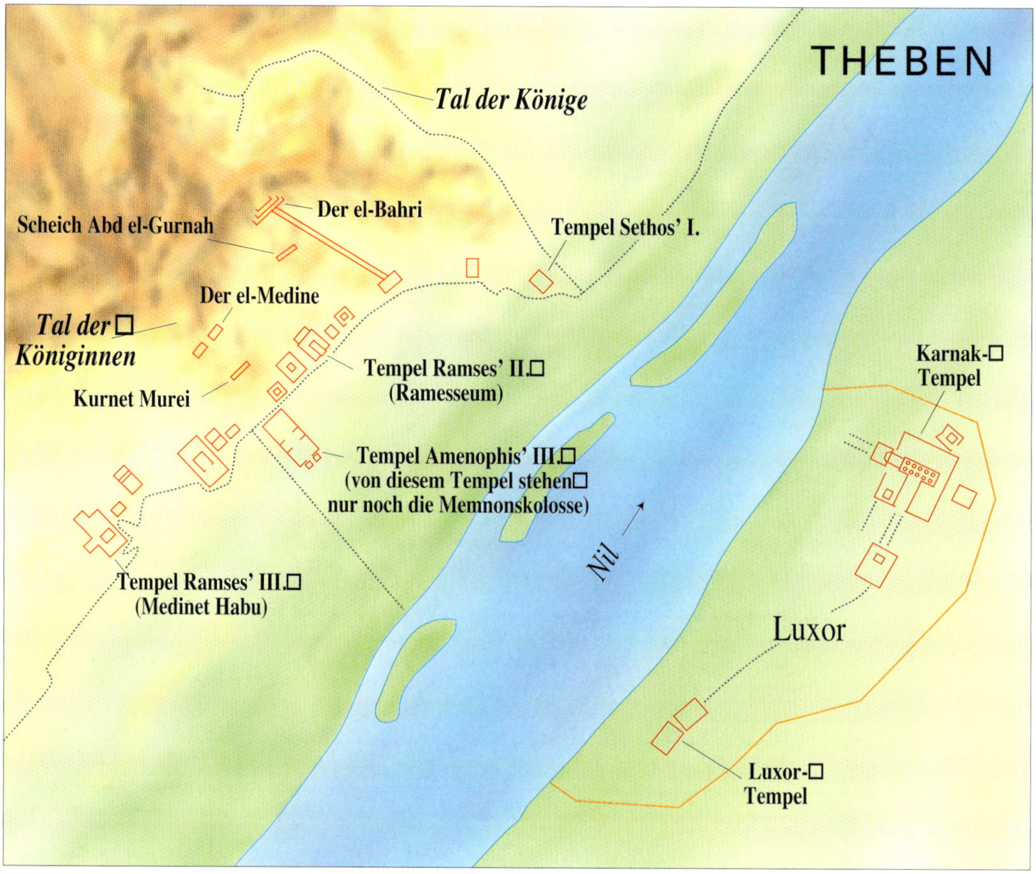

THEBEN

Tal der Könige

Scheich Abd el-Gurnah

Der el-Bahri

Tempel Sethos' I.

Der el-Medine

Tal der
Königinnen

Kurnet Murei

Tempel Ramses' II.
(Ramesseum)

Tempel Amenophis' III.
(von diesem Tempel stehen
nur noch die Memnonskolosse)

Tempel Ramses' III.
(Medinet Habu)

Karnak-
Tempel

Nil

Luxor

Luxor-
Tempel

ren damals die »Goldenen Fliegen«, die auch Ahmose verliehen wurden, als die Befreiung Ägyptens endlich vollendet
war. Iahhotep hatte ihr Lebensziel erreicht. Theben, die Stadt
des Widerstands, hatte ihren Sieg errungen und wurde zur
neuen Hauptstadt Ägyptens. Eine neue Dynastie, die 18., entstand.

*EIN SCHMUCK
FÜR DIE TAPFEREN
Diese Kette mit drei
goldenen Fliegen
(Ägyptisches Museum,
Kairo) ist eine hohe
militärische Aus–
zeichnung, die für
Tapferkeit und
Durchhaltevermögen
verliehen wurde.*

Königin Hatschepsut

Eine Feluke brachte uns von der Ost- auf die Westseite des Nils. Dort erwartete uns mein Freund Nubi; wahrscheinlich war er von dem weißen Segel, das der Nordwind bauschte, über unsere Ankunft unterrichtet worden. Warmherzig begrüßte er Susanne und Isidor und bot ihnen ein Glas Pfefferminztee an. Dann fuhren wir in seinem klapprigen, aber funktionstüchtigen Peugeot zum Tempel von Der el-Bahri, wo sich einst die berühmteste aller Pharaonenköniginnen, Hatschepsut, aufgehalten hatte.

DER TEMPEL DER PHARAONENKÖNIGIN Der Terrassentempel von Der el–Bahri ist ein architektonisches Meisterwerk. Er entstand unter der Herrschaft der Pharaonenkönigin Hatschepsut. Perfekt fügt er sich in die Umgebung ein und versinnbildlicht die Einheit von Licht und Stein.

Der heilige Amun-Tempel

Der el-Bahri war ein ungewöhnlicher Tempel: Er bestand aus hintereinander liegenden Terrassen, die aufsteigend angelegt und durch mehrere Rampen miteinander verbunden waren. Die Rampen führten zu einem imposanten Felsen, der die hintere Wand des Gebäudes bildete, sodass der Tempel mit dem Berg zu verschmelzen schien. Wir setzten uns vor die erste Rampe und ich erzählte.

– Zu Hatschepsuts Zeiten gab es hier Gärten, deren Bäume wohltuenden Schatten spendeten. Der Tempel selbst hieß Djoser Djoseru, »Der heiligste der Heiligen«.

– Da steckt ja der Name des Pharaos Djoser drin, bemerkte Susanne.

– Das ist kein Zufall. Der el-Bahri lag abseits der Welt der Menschen. Hier hieß der verborgene Gott Amun während des »schönen Talfests« die Pharaonenkönigin willkommen. Bei diesem Fest feierten die Menschen mit den Seelen der Toten und traten in Kontakt mit dem Jenseits.

– Wie ist denn Hatschepsut an die Macht gekommen?, fragte Isidor.

– Thutmosis II. heiratete die Tochter seines Vorgängers Thutmosis I. Das war Hatschepsut. Sie verehrte ihren Vater und hatte wohl von ihm die Kunst des Regierens gelernt. Sie beeindruckte alle durch ihre starke Persönlichkeit. Vielleicht war ihr Mann etwas anfällig, auf jeden Fall starb er nach einer ziemlich kurzen Regierungszeit, in der Hatschepsut schon die wichtigsten Machtbefugnisse übernommen hatte. Trotzdem wurde zunächst ein neuer Pharao gewählt, Thutmosis III. Da dieser aber noch im Kindesalter war und die Regierungsgeschäfte nicht übernehmen konnte, wurde Hatschepsut an seiner Stelle zur Herrscherin über Ägypten.

Die, die an der Spitze aller Lebenden steht

– Aber nur Herrscherin, nicht Pharaonin, warf Susanne ein.

– Eigentlich hätte die Herrscherin zurücktreten müssen, sobald der junge Pharao ein regierungsfähiges Alter erreichte. Doch etwas Ungewöhnliches geschah: Im Tempel von Karnak begann die Statue Amuns zu sprechen. Das Orakel verkündete, dass Hatschepsut Pharaonin werden würde und schloss mit den Worten: »Du bist die, die an der Spitze aller Lebenden steht.«

– Was wurde aus Thutmosis III.?

– Da er Pharao war, blieb er es auch. Hatschepsut kam nie auf die Idee, ihn zu töten oder ins Gefängnis zu werfen. So gab es zwei legitime Pharaonen, Hatschepsut und Thutmosis III. Solange Hatschepsut regierte, hielt sich der junge Thutmosis III. im Hintergrund und lernte von ihr. Doch als Hatschepsut nach fünfzehn Jahren starb, folgte ihr Thutmosis III. auf den Thron.

– Hat Hatschepsut nie wieder geheiratet?

– Nein. Eigentlich galt zwar schon, dass die Funktionen, die die Pharaonen hatten, von einem Paar übernommen wurden. Dabei verkörperte der Pharao das männliche Prinzip und die Große Königsgemahlin das weibliche Prinzip. Es gab also keine unverheirateten Könige. Aber wenn eine Frau Pharaonin wurde, stellte sie das königliche Paar allein dar, das heißt sie wurde ein Mann und blieb gleichzeitig eine Frau. In den Hieroglyphentexten dieser Zeit spricht man deshalb auch von Hatschepsut sowohl in männlicher als auch in weiblicher Form.

– War sie denn erfolgreich?, fragte Isidor.

– Ziemlich. Sie holte sich kompetente Leute, wie zum Beispiel Senenmut, der aus einfachen Verhältnissen stammte, aber ein großer Verwalter und der Bauherr des Tempels von Der el-Bahri wurde. Hatschepsut vertraute ihm auch die Erziehung ihrer Tochter an, die sie bekommen hatte, bevor sie Pharaonin wurde. Nach den Statuen zu urteilen, war Hatschepsut eine sehr schöne Frau, intelligent und tatkräftig. Auf den Wänden ihres Heiligtums in Der el-Bahri hat sie die wichtigsten Ereignisse ihrer Regierungszeit darstellen lassen. Der el-Bahri ist wie ein Buch aus Stein, in dem man lesen kann, wenn man den Skulpturen und Hieroglyphen seine ganze Aufmerksamkeit schenkt. Die Ägypter dachten, durch einen aufmerksamen und respektvollen Blick könne man jene Stein gewordene Vergangenheit wieder aufleben lassen.

Die Pracht von Der el-Bahri

HATSCHEPSUT, DIE SONNENKÖNIGIN Diese in Rosengranit gemeißelte Rundplastik der Pharaonenkönigin Hatschepsut zeigt uns die feinen und intelligenten Gesichtszüge dieser außergewöhnlichen Frau. Der Bildhauer stellt sie uns mit friedlichem und souveränem Charakter dar (Rijksmuseum van Oudheden, Leiden).

Susanne und Isidor, die auf den Terrassen des Tempels von Der el-Bahri herumliefen und in den Säulenhallen stehen blieben, entdeckten lebendige Szenen, die mit außerordentlicher Eleganz gemeißelt waren. Farbreste erinnerten an die frühere Schönheit dieser mehr und mehr verblassenden Werke. Als Der el-Bahri noch in seiner ganzen Pracht zu sehen war, meinten die Ägypter, der Tempel wäre wunderbarer als alles andere. Noch nach Hatschepsuts Tod pilgerten ihre Nachfolger hin, um Amun zu ehren, und in der Spätzeit wurden in der oben gelegenen Kapelle zwei große weise Männer, Imhotep, Djosers Architekt, und Amenophis, der Sohn von Hapu und Vertrauter des mit ihm namensgleichen Pharaos Amenophis III., geehrt. Man kam auch nach Der el-Bahri, um sich dort pflegen und psychische oder körperliche Krankheiten heilen zu lassen. Die letzten Bewohner des Tempels waren christliche Mönche (4.–5. Jh. n. Chr.), die ihm den Namen Der el-Bahri, »Kloster des Nordens«, gaben.
– Auf einem Bild habe ich gesehen, wie große Gegenstände transportiert wurden. Ich glaube, da waren sogar Obelisken auf den Schiffen, berichtete Isidor.
– Das ist richtig. Um diese riesigen Steinsäulen, die Hatschepsut im Tempel von Karnak aufstellen ließ,

zu transportieren, baute man 60 Meter lange Lastkähne aus Sykomoren, das sind Maulbeerfeigenbäume. Die Ankunft der Obelisken wurde mit einem großen Fest gefeiert, bei dem Amun seiner Tochter eine glückliche Herrschaft versprach.

Die Erste unter den Edlen

Andere Darstellungen sprechen von der göttlichen Herkunft Hatschepsuts und ihrer Geburt auf der Erde. Es heißt, der Gott Amun habe die Königin Ahmose, Hatschepsuts Mutter, verführt, indem er die Gestalt ihres königlichen Gemahls annahm. Amun zeigte seine Gegenwart durch ein überirdisches Parfum an, das bei der Königin eine unwiderstehliche Verliebtheit auslöste. So wurde Hatschepsut gezeugt, und die Götter sahen ihr Heranwachsen mit Wohlwollen. Der Schöpfergott Chnum modellierte sie und ihr Ka, also ihre schöpferische Kraft, auf seiner Töpferscheibe. »Ihre Majestät wuchs besser als alles andere heran«, heißt es in alten Texten, »ihre Gestalt ist der eines Gottes gleich, und ihr Glanz gleicht dem eines Gottes. Ihre Majestät wurde ein schönes junges Mädchen, blühend wie der Sommer.«

Susanne sah in ihren Aufzeichnungen nach.

– Sie haben vergessen, uns den Namen Hatschepsut zu übersetzen.

– Hatschepsut heißt »die Erste unter den Edlen«, »die, die an der Spitze der zu Verehrenden steht«. Jeder hörte auf ihr Wort und gehorchte ihren Befehlen, und die Großen Ägyptens erfreuten sich an ihren Reden. Die Pharaonin steuerte das Staatsschiff und sorgte für eine friedliche Reise.

DER TRANSPORT VON OBELISKEN ÜBER DEN NIL Dieses Relief aus dem Tempel von Der el-Bahri erzählt, wie die Obelisken Hatschepsuts von den Granitsteinbrüchen Assuans bis zum Tempel von Karnak transportiert wurden, wo man sie aufstellte.

Weihrauch für die Götter

Wieder meldete sich Isidor zu Wort:
– Ich habe auch noch eine Art Expedition mit Schiffen und Soldaten gesehen. Also hat Hatschepsut doch Krieg geführt.
– Nein, das war eine Handelsexpedition. Ihr göttlicher Vater Amun erschien Hatschepsut im Traum und befahl ihr, dem Tempel Weihrauch für die Rituale zu spenden. Wo hätte man besseren Weihrauch finden können als im Land Punt, das sich im Südosten Ägyptens befand, nicht weit vom heutigen Eritrea und Somalia entfernt? Nach einer Reise ohne Zwischenfälle gingen fünf ägyptische Schiffe in fischreichem Wasser vor Anker. Eine Delegation überreichte dem König und der Königin von Punt Geschenke. Man organisierte inmitten tropischer Landschaft ein Festmahl und schloss danach Geschäfte ab. Die ägyptische Delegation bekam, was sie wollte: Ebenholz, Leopardenfelle, Affen und vor allem Weihrauchbäume, deren Wurzeln man sorgfältig in feuchte Matten wickelte.

*DAS GESICHT DER GÖTTIN HATHOR
Eine prächtige
Abbildung der
Göttin Hathor
auf einem Kapitell
des Tempels von
Der el-Bahri.*

Auf der Rückfahrt trieben die Affen auf den Schiffen allerlei Unsinn, bevor man sie schließlich in Ägypten ihren neuen Herren übergab. Die Matrosen Hatschepsuts wurden bei ihrer Ankunft in Theben freudig begrüßt, die Stadt feierte den großen Erfolg mit einem rauschenden Fest. Hatschepsut selbst wog im Garten von Der el-Bahri das Gold, maß das frische Weihrauchholz ab und pflanzte die Weihrauchbäume. Und Amun freute sich über die Opfergabe.

Die vollkommene Frau
mit dem goldenen Gesicht

Ich führte meine beiden jungen Freunde vor das Relief, auf dem Hatschepsut von der göttlichen Kuh gesäugt wird. Die Kuh ist eine der Gestalten der Göttin Hathor, der Herrscherin der Liebe. Die Pharaonenkönigin trank also die Milch

*HATHOR NÄHRT
HATSCHEPSUT
Die riesige Kuh
symbolisiert den
Himmel, ist aber
auch eine der
Erscheinungen
der Göttin Hathor,
der Herrscherin
über die Sterne.
Hier sieht man
sie im Tempel von
Der el-Bahri
beim Säugen von
Hatschepsut, die
dadurch un-
erschöpfliche Kraft
erlangen soll.*

der Sterne, eine leuchtende Flüssigkeit, mit deren Hilfe sie in den himmlischen Gefilden auf ewig neu erschaffen wurde.

Die untergehende Sonne ließ die prachtvollen, mit dem Antlitz Hathors geschmückten Kapitelle, wie man die oberen Wülste an den Tempelsäulen nennt, in goldenem Glanz erscheinen. Die Darstellungen hatten etwas von der Schönheit Hatschepsuts, der Verkörperung Hathors auf Erden. Nicht zu Unrecht beschrieben die ägyptischen Texte Hatschepsut als »weibliche Sonne« und »vollkommene Frau mit dem goldenen Antlitz«.

Die große Königin ruht in Frieden

– Und warum starb Hatschepsut nach fünfzehn Jahren? Ich hab gelesen, dass Thutmosis III. sich an ihr rächen wollte und ihre Bauwerke zerstören ließ, weil er selber regieren wollte, erkundigte sich Susanne.

– Du siehst ja selbst, es stimmt nicht. Thutmosis war ja auch nicht abgesetzt worden. Wieso sollte er also einen Racheakt

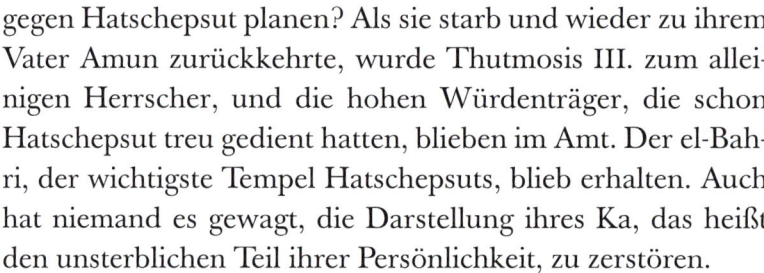

gegen Hatschepsut planen? Als sie starb und wieder zu ihrem Vater Amun zurückkehrte, wurde Thutmosis III. zum alleinigen Herrscher, und die hohen Würdenträger, die schon Hatschepsut treu gedient hatten, blieben im Amt. Der el-Bahri, der wichtigste Tempel Hatschepsuts, blieb erhalten. Auch hat niemand es gewagt, die Darstellung ihres Ka, das heißt den unsterblichen Teil ihrer Persönlichkeit, zu zerstören.

– Aber wenn Hatschepsut Pharaonin war, wieso liegt sie dann nicht im Tal der Könige begraben?, fragte Isidor plötzlich verwundert.

– In der Tat hat man zwei Gräber von Hatschepsut gefunden. Das erste befindet sich in einem Felsen zwischen dem Tal der Könige und dem Tal der Königinnen. Das zweite ist selbstverständlich im Tal der Könige angelegt worden. Dieses zweite Grab ist sehr ungewöhnlich, denn es bildet ein Halbrund auf einer Länge von ungefähr 124 Metern! Es ist also nicht nur das längste Grab im Tal der Könige, sondern auch das mit der erstaunlichsten Form. Dort, im friedlichen »goldenen Haus«, wurde Hatschepsut beigesetzt und ging in das Licht der Ewigkeit über. Die Hauptachse des Grabes ist auf Der el-Bahri ausgerichtet, wo ihrem Ka kultische Ehrungen zuteil wurden. Für ein friedliches Leben im Jenseits der großen Pharaonenkönigin war also gesorgt, und Thutmosis III. konnte endlich den Thron besteigen.

HATSCHEPSUTS OBELISK
Einer der in Karnak noch stehenden Obelisken: Seine früher goldüberzogene Spitze ragte in den Himmel. Sie wandte schlechte Einflüsse ab und leitete positive Kräfte auf den Tempel.

DAS NEUE REICH
UND DIE GLANZVOLLE
18. DYNASTIE

Um einen der größten Pharaonen der ägyptischen Geschichte kennen zu lernen, mussten wir uns wieder auf die andere Seite des Flusses nach Karnak begeben, einer Tempelstadt, die zu Ehren von Amun-Re, dem König der Götter, erbaut worden war. Bei der Entdeckung Karnaks äußerte Jean-François Champollion voller Bewunderung: »Kein anderes antikes oder modernes Volk hat die Kunst der Architektur zu solcher Vollendung gebracht wie die alten Ägypter.«

Thutmosis III.:
Krieg und Frieden, Kraft und Weisheit

Durch den ersten riesigen Pylon gelangten wir in den Bezirk Amuns. Dann überquerten wir einen großen offenen Hof, gingen in den mittleren Gang des größten Säulensaals, der jemals in Ägypten erbaut worden ist, und gelangten durch den Hof des Mittleren Reiches in den Bezirk von Thutmosis III.

Im »Botanischen Garten« des Bezirks von Thutmosis III. setzten wir uns hin. Auf den Wänden, von denen der obere Teil zerstört ist, sah man zart ausgeführte Abbildungen exotischer und seltsam anmutender Pflanzen und Blumen. Dieser Ort, wie auch der so genannte Annalensaal, versetzten uns in die Zeit zurück, in der Thutmosis III. seine mächtige Armee Richtung Norden führte.

Das Kriegstagebuch Thutmosis' III.

– So wie es aussieht, sind die Annalen so was wie ein Kriegstagebuch, das auf die Mauern des Tempels geschrieben wurde, sagte Isidor.

– In der Tat beschreiben sie fünfzehn Feldzüge, die Thutmosis III. im Norden Ägyptens, in Syrien, Palästina und in Asien geführt hat. Sie dienten dazu, eine Koalition zu zerbrechen, die Ägypten bedrohte. Außerdem wollte er dem Widerstand ein Ende setzen, der sich immer wieder in den Gauen in der Nähe des Deltas ausbreitete. Thutmosis misstraute vor allem dem kriegerischen Mitanni-Reich, das geschickt die Gegner Ägyptens miteinander verbündete. Der erste Feldzug fand im zweiundzwanzigsten und dreiundzwanzigsten Jahr der Herrschaft von Thutmosis III. statt, in Wirklichkeit also in seinen ersten beiden Regierungsjahren. Dieser mit Abstand bedeutendste Feldzug umfasst allein die Hälfte des Annalentextes. Der Text besagt, dass sich Thutmosis III. auf Befehl seines göttlichen Vaters Amun an die Spitze seiner Armee stellte und dreihundertneunundfünfzig Ortschaften eroberte.

DER VERSTEI-NERTE BOTANISCHE GARTEN
Hier haben die Bildhauer Thutmosis' III. für den »Botanischen Garten« von Karnak Pflanzen in Stein gemeißelt. Sie zeugen von der Sachkenntnis des Pharaos über die Natur, mit der es galt, in Harmonie zu leben.

Wenn wir jetzt eine Karte hätten, könnten wir den Weg, den die Armee zurücklegte, viel besser verfolgen.
Susanne hatte die Karte Ägyptens genau im Kopf, deshalb gelang ihr eine einigermaßen brauchbare Skizze in ihrem Notizbuch.

Megiddos Pferde

– Nach der Eroberung von Gaza entschloss sich Thutmosis III., die Festung von Megiddo anzugreifen. Die Militärberater rieten ihm, die direkte Straße zu meiden, da sie eng und gefährlich war und man dort leicht in Hinterhalt geraten konnte. Die ägyptische Armee liefe Gefahr, kampflos vernichtet zu werden. Doch der Pharao verließ sich lieber auf sein Gefühl als auf die Experten. »Da Re mich liebt, da mein Vater Amun mich schützt«, erklärte er, »machen Leben und Macht mich jung. Ich werde also die Straße benutzen.« So geschah es, und das Manöver gelang. An der Spitze seiner Truppen griff Thutmosis III. ein Bündnis aus dreihundertdreißig Prinzen an und eroberte Megiddo nach mehreren Monaten Belagerung. Dieser Erfolg bedeutete so viel wie die Einnahme von »tausend Städten«, heißt es in alten Texten.

AMUNS KINDER
Auf diesem Block der »Roten Kapelle« Hatschepsuts, der sich im Freilichtmuseum von Karnak befindet, sind hinter der Barkenprozession Amuns zwei Pharaonen in gleicher Größe zu sehen: seine Kinder Hatschepsut und Thutmosis III.

Der Tempel von Amun-Re in Karnak

VON WIDDERSPHINXEN GESÄUMTE ALLEE
Auf beiden Seiten der zum Tempel führenden Allee befinden sich auf Sockeln sitzende Widder. Als heilige Tiere des Gottes Amun beschützten sie kleine Statuetten, die den König darstellten.

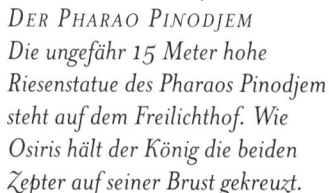

DER PHARAO PINODJEM
Die ungefähr 15 Meter hohe Riesenstatue des Pharaos Pinodjem steht auf dem Freilichthof. Wie Osiris hält der König die beiden Zepter auf seiner Brust gekreuzt.

HOF VOR DEM TEMPEL VON RAMSES III., DER AMUN-RE GEWIDMET WAR
Der Pharao wird mehrmals als Osiris dargestellt, was seine ewige Erneuerung bedeuten soll.

DER HEILIGE SEE
*Der heilige See des
Amun-Bezirks ist
der größte Ägyp-
tens; die Priester
holten dort das
Wasser, das sie für
die Reinigung
brauchten.*

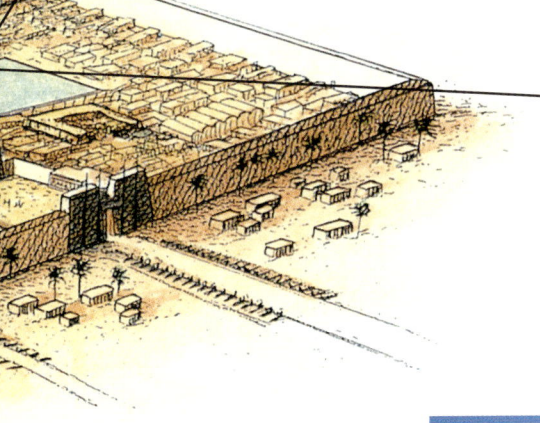

DER GROSSE SÄULENSAAL
*Einige der 134 Säulen des großen
Säulensaals, die mit Hieroglyphen
und Darstellungen des Pharaos
und der Götter geschmückt waren.
Eines der oberen Fenster, durch
die nur wenig Licht kam, ist gut
erkennbar.*

**SCHÖNHEIT
UND ERHABENHEIT DER
SÄULEN VON KARNAK**
*Auf der unteren Abbildung sind
Säulen, Kapitelle und Säulen-
querbalken des sogenannten
großen Säulensaals zu sehen –
ein steinerner Wald als Ausdruck
der Macht des Neuen Reiches.*

TAHARKA-SÄULE
*Im Vordergrund die Säule des
Pharaos Taharka, dahinter die
Statue des stehenden Ramses II.
und der Eingang zum großen
Säulensaal nach dem zweiten
Pylon.*

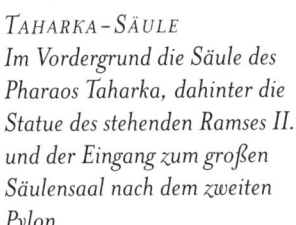

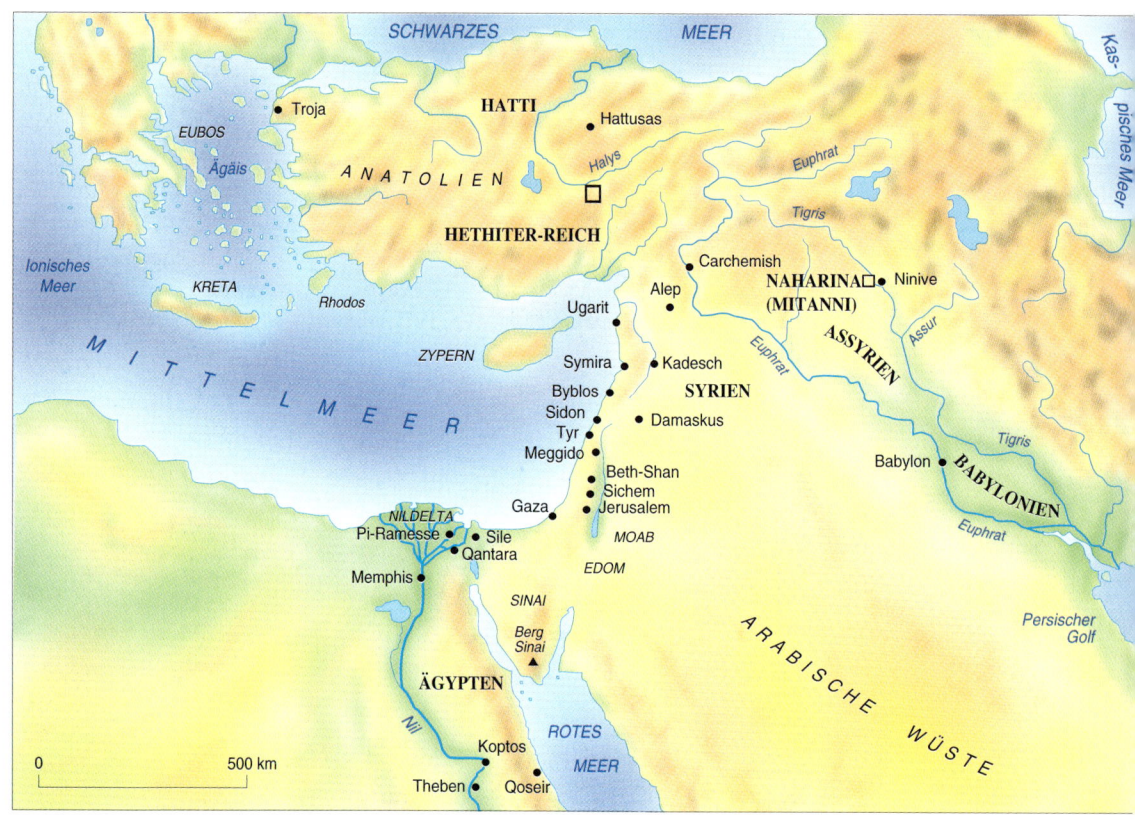

*Ägypten und
Vorderasien
zur Zeit des
Neuen Reiches*

Der Amun-Tempel in Karnak

D a man im feindlichen Lager nur vierundachtzig Tote zählte, waren insgesamt nicht allzu viele Opfer zu beklagen. Dafür hatten die Ägypter fette Beute gemacht: zweitausend Pferde, Streitwagen und wertvolle Metalle. Pferde hatten die Ägypter vorher gar nicht gekannt, und die Streitwagen – Angriffsfahrzeuge, die von einem oder zwei Pferden gezogen wurden – bildeten von jetzt an die Elite der ägyptischen Armee. Durch die Eroberung von Megiddo war es Thutmosis III. gelungen, die größte feindliche Bastion zu stürmen.

– Aber eins verstehe ich nicht: Wenn dieser Feldzug so ein großer Erfolg war, wunderte sich Isidor, warum musste der Pharao dann noch so oft in den Krieg ziehen?

*LIBYSCHE UND SYRISCHE GESICHTER
Obwohl das Ägypten des Neuen Reiches mehrere Kriege gegen seine Nachbarn führte, war es auch fremden Einflüssen gegenüber offen.*

Ein großer Diplomat

– Er leitete so viele Feldzüge, weil er dem Gegner zu verstehen geben wollte, dass niemand Ägypten angreifen konnte, ohne auf schnelle und harte Gegenwehr zu stoßen. Man sollte eigentlich eher von Machtdemonstrationen als von Kriegen sprechen. So führten auch längst nicht alle Feldzüge zu grausamen Schlachten.
Sein achter Feldzug im Jahr 33 beispielsweise führte Thutmosis III. ganz weit nach Norden, wahrscheinlich bis zum

*DER PHARAO IN SIEGERPOSE
In Siegerpose steht der Pharao auf seinem Streitwagen, der von zwei Pferden gezogen wird. Als Symbol für Ordnung und Licht bekämpft er Chaos und Dunkelheit – verkörpert durch die Feinde, die Ägypten zu vernichten trachten.*

Euphrat. Auf dem Rückweg entging der Pharao in der Steppe einem Angriff wilder Elefanten und schlug einen Aufstand syrischer Prinzen nieder.

Und schließlich hatten die Feldzüge auch wirtschaftliche Gründe. In den eroberten Provinzen förderte Thutmosis III. den Einfluss Ägyptens durch die Ernennung von Verwaltungsbeamten. Aus diplomatischen und symbolischen Gründen heiratete der Pharao sogar syrische Frauen, die dann eine Stellung bei Hofe bekamen. Viele Fremde zogen nach Ägypten; Assyrer, Babylonier und Hethiter beschenkten den Pharao, der hohes Ansehen genoss.

– Ich habe irgendwo gelesen, dass Thutmosis III. ein hervorragender Diplomat gewesen sein muss.

AUFERSTEHUNGS-RITEN
Diese ungewöhnliche Darstellung aus dem Tal der Könige zeigt den Pharao Thutmosis III., wie er mit dem »Lebensschlüssel« in

– Das ist richtig, Susanne. Durch die Kriege, die er führte, wollte er vor allem Macht über Syrien-Palästina erlangen. Er beschloss, der Gegend zu Wohlstand zu verhelfen, um auf diese Weise ihren Bewohnern die Angriffslust zu nehmen. Das Ergebnis war bemerkenswert. Auf der einen Seite verfügte der Pharao über ein gut ausgerüstetes Heer, das als wirkungsvolles Abschreckungsmittel diente; auf der anderen Seite bereicherte er durch Handelsbeziehungen einen Großteil Vorderasiens und auch sein eigenes Land.

Wir verließen den »Botanischen Garten« und betraten einen Tempel, der »Festsaal« genannt wird und auf altägyptisch Ax Menu heißt, »Der Ort, dessen Bauwerke leuchtend sind«.

– Hier, in diesem weiträumigen Saal mit seinen quadratischen Säulen, wurden die Priester Amuns in die Mysterien des Gottes eingeweiht.

Der Wesir Rechmire

der rechten Hand auf einer Schlange sitzend das Jenseits durch- quert.

Wir verließen Karnak in Richtung Westufer, wo uns das Erbe des Wesirs Rechmire, eines der wichtigsten Mitarbeiter Thutmosis' III., erwartete. Sein Totentempel ist der schönste der thebanischen Privatgräber. Er enthält viele Arbeits- und

Alltagsdarstellungen sowie Abbildungen von Auferstehungsriten.

– Der Name Rechmire bedeutet »Der, der so viel weiß wie das göttliche Licht«. Der Pharao ernannte den Wesir in einer feierlichen Zeremonie und machte ihn auf seine Pflichten aufmerksam. Diese ließ Rechmire auf die Wände seines Grabes schreiben. »Achte auf alles, was in deinem Büro passiert, die Ordnung des Landes hängt davon ab. Die Aufgabe des Wesirs ist kein Vergnügen, sondern eine Pflicht. Zeige keine Vorlieben und Schwächen gegenüber den Fürsten und den Mächtigen, halte dich an die Regel.«

Diese Regel ist die Maat, die Tochter des Lichts, von dem die

Götter sich ernähren. Sie folgt einem Gesetz, das keinerlei Parteilichkeit duldet. Die Maat prangt auf der Brust des Wesirs in Gestalt einer kleinen Figur, eines sogenannten Amuletts; sie erinnert ihn daran, dass die Regel seit Anbeginn des Lebens existiert und seine Aufgabe darin besteht, sie zu verteidigen, selbst wenn er dadurch Nahestehende oder Freunde bestrafen muss. »Ein Amt, das bitter ist wie die Galle«, gibt der Wesir zu, denn die Menschen besitzen genug Fantasie, um Schlechtigkeiten zu planen und ihrem Nächsten zu schaden. Mit der Zeit wurde das Amt übrigens immer umfangreicher, sodass der Pharao es schließlich teilen musste und einen Wesir für den Norden und einen für den Süden ernannte. Die Wesire mussten die Tätigkeit aller Minister überwachen; sie waren dem Pharao für das Wohl der Bevölkerung und die

DER BERUF DES WESIRS Zu den Aufgaben des Wesirs Rechmire gehörte es, sich um die Zukunft des Handwerks zu kümmern. Diese Darstellung aus seinem prächtigen Grab in Theben zeigt Bildhauer auf einem Gerüst, die gerade eine königliche Kolossalstatue fertig stellen.

gute Entwicklung der Wirtschaft verantwortlich. Den Wesiren oblag es außerdem, ein Zentralarchiv anzulegen, die Verwirklichung großer Bauvorhaben zu überwachen und Kanäle und Deiche instand zu halten.

– Hm, wie schick! Was für schöne Kostüme und tolle Frisuren die hatten, murmelte Susanne, die in die Darstellung eines Festessens versunken war.

Amenophis II., ein Furcht erregender Sieger

– Thutmosis III. hatte Ägypten zur größten Macht der antiken Welt gemacht. »Seine südliche Grenze reicht bis zum Scheitel der Erde und seine nördliche bis zu den Grenzen Asiens, bis zu den Stützen des Himmels«, heißt es. Der ägyptische Einflussbereich erstreckte sich in der Tat vom Euphrat bis zum Sudan, und der große Pharao Thutmosis III. konnte stolz sein, in einem so riesigen Gebiet Frieden hergestellt zu haben.

Außerdem war er klug genug gewesen, seinen Nachfolger Amenophis II. schon zu seinen Lebzeiten mit einem Teil der Regierungsgeschäfte zu betrauen. König Amenophis führte dann fünfundzwanzig Jahre lang die Politik seines Vaters fort. Der für seine körperliche Kraft bekannte Amenophis II., der außerdem ein unvergleichlich guter Schütze, ein erfahrener Reiter und unermüdlicher Ruderer war, verkörperte auf besondere Weise die Macht und Autorität eines Pharaos. Er führte seine Armee bis zum Oronte in Syrien-Palästina. Wie ein Falke warf er sich in den Kampf und trieb das gegnerische Bündnis aus asiatischen, syrischen und palästinensischen Fürsten in die Flucht. Keiner wagte sich an diesen Pharao heran, der in dem Furcht erregenden Ruf stand, seinen Gegnern den Kopf mit der Keule zu zerschmettern. Da war es besser, man gab klein bei und machte sich mit Geschenken am Hofe des Königs beliebt.

Die Herrschaft von Amenophis II. erwies sich somit als friedlich. Der König kümmerte sich um die Vergrößerung des Tempels von Karnak, der nunmehr größten Baustelle des Landes.

Die Mumie dieses kräftigen Pharaos ist in seinem Grab im Tal der Könige unbeschädigt gefunden worden. Auf der Brust von Amenophis II. lag ein Strauß Mimosen; das ist eine

DAS SCHLAGEN DER FEINDE
Auf dieser Stele, die im Ägyptischen Museum in Kairo aufbewahrt wird, ergreift ein Pharao seine besiegten Gegner beim Schopf. Während der König, der sein Volk und sein Land schützen musste, als majestätisch und hoch gewachsen dargestellt ist, sind seine Gegner klein und unterwürfig.

besondere Akazienart, die die Unsterblichkeit symbolisiert.

– Fand Amenophis II. denn auch einen würdigen Nachfolger?, fragte Isidor.

– Seinen Nachfolger werden wir bald kennen lernen; aber dazu müssen wir erst wieder in den Norden fahren.

Thutmosis IV. oder der Traum der Sphinx

Majestätisch und erhaben, den Blick leicht gen Himmel gerichtet stand die Sphinx trotz leichter Verfallserscheinungen immer noch da, als könne ihr die Zeit nichts anhaben. Ich nahm meine beiden Freunde mit zwischen ihre Vorderpfoten, und wir sahen an einer 3,60 Meter hohen Stele aus Rosengranit hinauf, die vor ihrer Brust stand.

– Dieser Stelentext beschreibt ein außerordentliches Ereignis, das hier vor mehr als 3400 Jahren stattfand. Ein Ereignis, das über das Schicksal des künftigen Pharaos entschied.

– War die Sphinx der geistige Vater des Pharaos?, fragte Susanne, die offensichtlich schon wieder etwas gelesen hatte.

– Irgendwie ja. Und das kam so: Eines heißen Tages ging der junge Prinz Thutmosis auf die Jagd in die Wüste. Als er müde wurde, beschloss er für sich und seine Pferde einen Rastplatz in der Nähe der großen Sphinx zu suchen, die mit Sand überdeckt war. Der Sand verkörperte Horus aus dem Land des Lichts und versinnbildlichte die Morgen-, Mittags- und Abendsonne. Wie der Text auf der Stele sagt, »stand die riesige Statue des Gottes Chepri (die jeden Morgen im Orient erscheinende Sonne) an dieser Stelle, ihre Macht war groß, ihre Majestät war heilig und der Schatten Res lag auf ihr.« Thutmosis wurde von Müdigkeit übermannt und schlief ein. Der Prinz träumte, dass ihm der Geist der Sphinx erschien und zu ihm sprach: »Wenn du mich aus dem Sand befreist, der mich erstickt, werde ich aus dir einen Pharao machen. Mein Gesicht gehört dir, mein Herz gehört dir. Ich leide, die Last, die auf mir liegt, wird mich verschlucken. Rette mich, mein Sohn.« Wenn Thutmosis sie rette, so werde er die Doppelkrone tragen und das Land in seiner ganzen Länge und Breite sein eigen nennen, so wie »alles, was das Auge der Sonne erleuchtet«. Der Prinz wachte auf, erinnerte sich an die Worte, die der Steinriese gesprochen hatte und fing mit der

Arbeit an. Als die Sphinx endlich vom Sand befreit war und ihre frühere Herrlichkeit wiedergewonnen hatte, machte sie ihr Versprechen wahr: Der Prinz wurde Pharao Thutmosis IV.

Arbeit im Rhythmus der Tage

– Wenn man bedenkt, dass die Sphinx ihn extra auserwählt hat, stand seine Regierungszeit doch eigentlich unter gutem Vorzeichen.
– Das stimmt. Thutmosis IV. führte die Politik seiner Vorgänger fort und herrschte über ein glückliches, reiches und friedliches Ägypten. Die oberen Schichten der Gesellschaft führten einen sehr gepflegten Lebenswandel, in den weitläufigen Villen der Adeligen in Theben und Memphis fanden wunderbare Festessen statt, und die Arbeit erfolgte im Rhythmus der Tage. Das spiegeln die Reliefs auf den Grabwänden wider, besonders die des Astronomen Nacht, auf denen Ernte, Weinlese und Festmahl dargestellt sind. Das ländliche Leben wurde durch Rituale geheiligt, und die Welt der Menschen stand stets mit dem Universum der Götter in Verbindung. Als perfektes Symbol für diese friedliche Zeit kann wohl der mit 45 Metern höchste uns bekannte Obelisk gelten, der in Karnak aufgestellt wurde. Er versinnbildlicht das Urgestein, das in grauer Vorzeit aus dem Ozean aufragte, um das Fundament der Schöpfung zu bilden – den ersten Leben spendenden Lichtstrahl, der die Dunkel-

DIE STELE DER SPHINX Zwischen den Vorderpfoten der großen Sphinx von Giseh ließ Thutmosis IV. eine Stele erbauen, deren Text den Traum wiedergibt, in dem ihm sein Schicksal als Pharao offenbart wurde.

*THUTMOSIS IV.
UND SEINE MUTTER
Diese zwei eindrucks-
vollen Granitstatuen,
die den Pharao
Thutmosis IV. und
seine Mutter darstel-
len, sind im Ägypti-
schen Museum in
Kairo zu sehen: Der
König bezeugt seinen
tiefen Respekt vor
der Königin, die ihn
geboren, dadurch
dem göttlichen Willen
entsprochen und den
Fortgang der Dynastie
gesichert
hat.*

heit verscheuchte. Der Obelisk wurde leider von seinem ursprünglichen Standort entfernt und steht nun vor der Late-
ranbasilika in Rom.

– Das hört sich so an, als ob Ägypten in dieser Zeit überhaupt
nicht mehr von Feinden bedroht war, überlegte Isidor.

– Die Situation hatte sich geändert. Das Mitanni-Reich war
nicht mehr sehr angriffslustig, denn es wurde selber von einer
neuen Militärmacht – den Hatti aus dem Gebiet der heutigen
Türkei – bedroht. Was blieb also anderes übrig, als ein Ver-
teidigungsbündnis mit Ägypten einzugehen? Thutmosis IV.
willigte in einen Botschaftertausch ein. Es kam zu Verhandlungen, und der Pharao schlug vor, zur Besiegelung des Friedens eine Prinzessin aus dem Mitanni-Reich zu heiraten.
Sechsmal lehnte der König des Mitanni-Reichs ab. Es bedurf-
te der Beharrlichkeit des Pharaos und der Geschicklichkeit
seiner Diplomaten, endlich die Zustimmung zu erhalten und
die Auseinandersetzungen mit dem Mitanni-
Reich zu beenden. Für spätere Pharaonen des Neuen Reiches galt daher auch
die Devise: »Heirat, kein Krieg.« Denn
um einen Friedensvertrag zu besiegeln, konnte es kein stärkeres Symbol geben als die Heirat des ägyptischen Königs mit einer Ausländerin.
Thutmosis IV., der außerdem einen
Freundschaftsvertrag mit Babylon
unterzeichnete, hinterließ seinem
Nachfolger Amenophis III. also
ein Reich, das mit seinen Nachbarn in Frieden lebte.

Amenophis III.
oder die Herrschaft des Lichts

Susanne und Isidor waren inzwischen daran gewöhnt, zwischen Norden und Süden hin- und herzureisen; sie verabschiedeten sich von der großen Sphinx, die noch immer vom Sand befreit ist, und fuhren zurück nach Theben, der Hauptstadt des Neuen Reiches, aus der Amenophis III. eine von allen bewunderte Stadt machte. Sein Palast von Malkata am Westufer ist leider verschwunden; aber es gibt auch einen anderen Ort, der mit ihm in Verbindung gebracht wird: den Tempel von Luxor.

Luxor, das mit Karnak durch eine zum Teil freigelegte Sphinxallee verbunden ist, war das größte Heiligtum des riesigen Bezirks von Amun. Dort, an jenem verborgenen Ort, war das königliche Ka, die schöpferische Energie, durch die der Pharao regieren konnte, geschützt. Eine Inschrift besagt, dass Amenophis III. Luxor in weißem Stein, mit goldbesetzten Türen aus Akazienholz und silbernem Boden für die Ewigkeit erbauen ließ. Der heutige Zugangspylon, die Obelisken (einer davon befindet sich heute in Paris auf dem Place de la Concorde) und der erste Hof sind Ramses II. zu ver-

danken; der Säulengang, der große Hof und die überdachten Tempelhallen aber sind Meisterwerke von Amenophis III. Wir setzten uns in den Schatten an eine der mächtigen und zugleich anmutigen Säulen des großen Hofes.

Die ewige Verbindung des königlichen Paares

– Amenophis III. bestieg den Thron vermutlich als junger Mann und regierte sechsunddreißig Jahre, von 1386 bis 1349 v. Chr. Seine Frau hieß Teje und war die Tochter eines Priesters und einer Priesterin des Min, des Gottes der Fruchtbarkeit.

Für die Ankündigung der Hochzeit ließ das königliche Paar Skarabäen aus Porzellan herstellen, auf denen geschrieben stand: »Teje ist die Gemahlin eines mächtigen Herrschers, dessen Reich sich im Süden bis nach Nubien und im Norden bis nach Asien erstreckt.« Sie wurden in die ägyptischen Gaue und ins Ausland geschickt.

– War Teje auch wieder so eine resolute Frau wie Hatschepsut oder anders?, fragte Susanne.

– Sie war wieder eine sehr starke Frau, die an allen wichtigen Entscheidungen jener Herrschaftszeit teilnahm. Als Große Königsgemahlin verkörperte sie Maat, die ewige Regel. Im Ägyptischen Museum haben wir sie mit ihrem Mann gesehen: Der Pharao und die Königin wurden als zwei gleich große, sieben Meter hohe Kolossalstatuen dargestellt. Um die ewige Verbindung des königlichen Paares zu feiern, wurden in Nubien zwei Tempel erbaut, Soleb für Amenophis III. und Sedeinga für Teje. Gleich zu Beginn seiner Herrschaft bekräftigte Amenophis III., der dutzende von Löwen und wilden Stieren töten konnte, seine Macht. Im 5. Regierungsjahr führte er sein Heer nach Nubien, um den Aufstand einer Sippe im Keim zu ersticken. Der Pharao, der auch »Löwe mit dem wütenden Blick« und »schnell fliegender Falke« genannt wurde, überwältigte seinen Feind und sorgte blitzschnell für Ruhe in einem Gebiet, das in seinen Augen unverzichtbar war. In Nubien wurde nämlich Gold geschürft, ein Metall, das zur Verschönerung der Tempel und als diplomatisches Geschenk diente und von den ausländischen Herrschern sehr geschätzt wurde.

Ausländische Prinzessinnen

– Unter Amenophis III. war dann also die friedliche Zeit schon wieder vorbei?, erkundigte sich Isidor.

– Nein, eigentlich verlief auch seine Herrschaft friedlich. Das königliche Paar legte den Schwerpunkt seiner Tätigkeit auf die Diplomatie und stand in ständiger Verbindung mit den fremden Herrschern, wobei die Königinnen eine aktive Rolle spielten. Neben lebhaften Handelsbeziehungen setzte der

AMUN, BESCHÜTZER AMENOPHIS' III. In dieser Rundplastik, deren Kopf zerstört wurde, legt der Gott Amun schützend seine Hände auf den Pharao Amenophis III.

Der Gott überragt den König, seinen Stellvertreter auf Erden (Ägyptisches Museum, Kairo).

99

König auf den Austausch von Geschenken und auf diplomatische Hochzeiten, die freundschaftliche Verbindungen herstellen sollten. Amenophis III. stand mit mehreren Herrschern anderer Länder im Briefwechsel, die ihn gerne »mein Bruder« nannten. Anstatt zu kämpfen, arbeiteten die ägyptischen Soldaten in Steinbrüchen und auf den königlichen Baustellen. Auch an den Transporten von Blöcken und Kolossalstatuen, die während dieser Zeit eine beeindruckende Größe

DIE GROSSE KÖNIGIN TEJE Zwei beeindruckende Darstellungen der Königin Teje: der Kopf einer bemalten

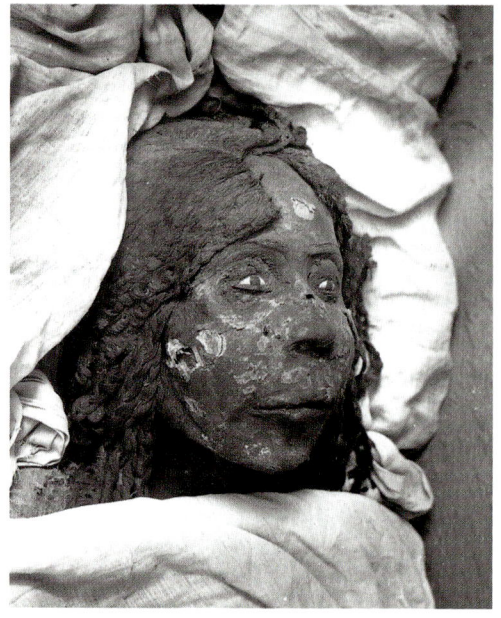

Statuette aus Holz (Ägyptisches Museum, Berlin) und das Gesicht ihrer Mumie (nicht genau belegt). Lebendiger Blick, scharfe Intelligenz, angeborenes Gefühl für Macht: Eine wirklich große Königin wird uns hier präsentiert.

erreichen, waren sie beteiligt. Die berühmten »Kolosse von Memnon« etwa, die vor einem heute völlig verschwundenen Tempel dieses Pharaos standen, sind 20 Meter hoch.
– Wenn der Pharao fremde Prinzessinnen heiratete, konnten die fremden Könige dann auch Pharaonentöchter heiraten?, fragte Isidor.
– Der babylonische König hatte mal diese Absicht, bekam aber eine verletzende Antwort: »Niemals wird eine Tochter des Pharaos mit einem Jemand verheiratet.« Die diplomatischen Hochzeiten wurden nur in einer Richtung praktiziert.

– Und was wurde eigentlich aus den ausländischen Prinzessinnen, die nach Ägypten kamen?, fragte Susanne.

– Nachdem sie einen ägyptischen Namen angenommen hatten, wodurch wir zumeist ihre Spur verlieren, führten sie ein mehr oder weniger luxuriöses Dasein in einem Palast beziehungsweise »Harem«, wobei man das Wort nicht missverstehen darf. In Ägypten handelte es sich dabei nämlich nicht um ein Gefängnis wie im Osmanischen Reich, in dem man Frauen einsperrte, die dann stets bereitwillig die Gelüste eines Sultans befriedigen mussten. Der ägyptische Harem war vielmehr eine wirtschaftliche und kulturelle Einrichtung, die Ländereien und eine hoch organisierte Verwaltung besaß. Im Harem wurde man in Musik, Poesie, Weben und anderen kunsthandwerklichen Fertigkeiten unterrichtet.

Ein prachtvolles Geschenk des Pharaos für Teje

– Und was sagte die Königin Teje zu all den Hochzeiten? War sie einverstanden?, wollte Susanne wissen.

– Natürlich, denn es waren ja wirklich nur diplomatische Hochzeiten im Dienste des Friedens, und der lag ihr auch am Herzen. Der König des Mitanni-Reichs etwa schrieb dem Pharao über Teje: »Alles, was ich mit deinem Vater besprochen habe, ist deiner Mutter Teje bekannt. Niemand außer ihr kennt diese Worte, und nur von ihr kannst du sie erfahren.« Das zeigt, dass Teje die Staatsgeheimnisse mit dem Pharao teilte.

Im 11. Regierungsjahr machte Amenophis III. seiner Frau ein prachtvolles Geschenk, einen großen See, der in der Gegend von Achmim angelegt worden war, woher auch die Eltern des Pharaos stammten. In Skarabäen eingeritzte Hieroglyphen informierten Ägypten über diesen See, auf dem man eine Barke mit dem Namen »Aton scheint« fahren ließ. Aton war der Name der Sonnenscheibe, die der Sohn des königlichen Paares, Echnaton, später zum Gott erheben wird. Der See war in

DIE KOLOSSE VON MEMNON Diese beiden Statuen von Amenophis III., auch »Kolosse von Memnon« genannt, sind die einzigen Überreste seines großen Auferstehungstempels am Westufer von Theben.

Wirklichkeit ein Bewässerungsbecken, das der Verbesserung der landwirtschaftlichen Produktion diente. Indem der Pharao ihn der Königin schenkte, unterstrich er ihre Rolle als großzügige Mutter und Beschützerin des Landes.

Der hockende Schreiber

– In Der el-Bahri haben Sie uns von der Verehrung zweier weiser Männer erzählt. Hieß der eine nicht Amenophis, Sohn des Hapu, und hatte der nicht was mit Amenophis III. zu tun?, fragte Susanne plötzlich, nachdem sie ihre Aufzeichnungen noch einmal durchgeblättert hatte.
– Nicht schlecht, Susanne. Der Mann, der den Namen des Pharaos trägt, war sein Berater. Er war der bedeutendste

Würdenträger unter Amenophis III. Er stammte aus bescheidenen Verhältnissen, wurde schließlich aber »Schreiber des Königs«, »Schreiber der Rekruten« und »Bauherr über alle Arbeiten des Königs«. Sein Hauptwerk war die Errichtung der »Kolosse von Memnon«. »Man hat mich belesen gemacht«, vertraut er uns in dem Hieroglyphentext einer dieser Statuen an, »ich hatte Zugriff auf die Formeln des Thot, ich kannte ihre Geheimnisse, ich habe alle ihre Rätsel gelöst.« Er war der Inbegriff des Weisen, der nachdenklich und zugleich aktiv ist. Seine Weisheit war so groß, dass der Pharao ihm ein außerordentliches Privileg einräumte: Er durfte sich einen Tempel errichten lassen, der der Pflege seines Kas, seiner unsterblichen Energie, diente. Eine weitere Ehrerbietung erwiesen ihm die Bildhauer, indem sie mehrere Plastiken von ihm anfertigten. Sie stellten ihn als hockenden Schreiber reifen Alters dar, der nachdenklich einen auf seinen Knien ausgerollten Papyrus liest. Die Statuen wurden in den Tempeln aufgestellt und dienten als Mittler zwischen Göttern und Menschen.

Das Ende eines goldenen Zeitalters?

– Irgendwie klingt das ja alles so, als wäre die Zeit der Hochzeiten und der Diplomatie für Ägypten eine Art Paradies gewesen, in dem man vor allen Gefahren geschützt war, versuchte Isidor seine Eindrücke zusammenzufassen.
– Leider nicht ganz. Amenophis III. wurde zwar als »glänzende Sonnenscheibe aller Länder« betrach-

AMENOPHIS, SOHN DES HAPU Der hier als älterer Mann in der Position des Schreibers dargestellte Amenophis liest aufmerksam einen auf seinen Knien ausgerollten Papyrus. Der treue Diener von Amenophis III. wurde als Weiser betrachtet und noch lange nach seinem Tod verehrt (Museum Luxor).

tet, doch ließ das dem König der Hethiter Souppiluliuma keine Ruhe. Was, wenn Ägypten nicht so stark war, wie es schien? So versuchten die Hethiter, das Mitanni-Reich, Ägyptens Verbündeten, einzunehmen, allerdings vergeblich; doch geschlagen gaben sie sich nicht. Da sie mit Waffen nicht erfolgreich waren, versuchten sie es mit Tricks und Korruption und erweiterten ihren Einfluss in kleinen Fürstentümern, die immer bereit waren, den Pharao zu verraten.

– Wusste Amenophis III. über all diese Manöver Bescheid?

– Vielleicht hat er ihr volles Ausmaß nicht gekannt. Da die Sicherheit seines Reiches aber nicht direkt in Gefahr war, hoffte Amenophis III., dass sein bestehendes Bündnis mit dem Mitanni-Reich genügen würde, um die Hethiter zu stoppen.

– Wenn er das volle Ausmaß der Tricks nicht erkannt hat, führte das nicht irgendwann zu einem tragischen Ende seiner Herrschaft?

– Nein, der Frieden blieb gewahrt. Nach dreißig Jahren Herrschaft konnte der Pharao das Sed-Fest feiern, ein Erneuerungsfest, das ihm neuen Tatendrang einflößen sollte. Amenophis organisierte übrigens drei solcher Feste: das erste in seinem 30. Regierungsjahr, das zweite im Jahr 34 und das dritte im Jahr 37. Einigen Darstellungen zufolge, die ihn als etwa Fünfzigjährigen zeigen, war der Herrscher schließlich aber wohl müde, vielleicht sogar krank. Er ließ sich ein wunderbares Grab im rechten Flügel des Tals der Könige errichten, wo sich nach seinem Tod die Seele mit der Sonne, die ihn zum Leben erweckt hatte, verband. Ein Text des Tempels von Luxor besagt: »Sein Pylon nähert sich dem Himmel, sein Banner erreicht die Sterne. Wenn die Menschen das sehen, so werden sie Seine Majestät verehren.«

DER GLANZ LUXORS
Hat man bei der modernen Beleuchtung des Tempels von Luxor nicht den Eindruck, als würden wie in alten Zeiten die Priester mit Fackeln und Öllampen ihre nächtlichen Rituale vollziehen?

DAS NEUE REICH.
ZWISCHEN AMUN UND ATON

ECHNATON, DER
PHARAO, DER DIE
SONNE VEREHRT
Diese Statue Ech-
natons (Ägyptisches
Museum in Kairo)
stand ursprüng-
lich im Tempel Atons
in Karnak, von dem
fast nichts mehr übrig
ist. Der König trägt
die üblichen Kenn-
zeichen der Pharao-
nen (Krone, Zepter,
Götterbart), doch
seine Gesichtszüge
sind übertrieben in die
Länge gezogen, sodass
sein Aussehen etwas
Asiatisches erhält.

Aber wir mussten schon wieder gehen. Unser nächstes Ziel führte uns nach Norden. Dort, in Mittelägypten, auf halbem Wege zwischen Theben, der Hauptstadt des Neuen Reiches, und Memphis, der Hauptstadt des Alten Reiches, lag Tell el-Amarna.

Vor Susanne und Isidor erstreckte sich eine weite, von Hügeln umsäumte Wüstenebene, über die der Wind pfiff. Von der Hauptstadt Achet-Aton, »der Lichtstadt des Aton«, die einst an diesem Ort errichtet worden war, sind heute nur noch ein paar Überreste zu sehen. Wir ritten auf Eseln über die Anlage und kletterten bis zu den Gräbern auf eine Anhöhe über der verschollenen Stadt.

War Echnaton ein Ketzer?

Echnaton kennt man aus eigenartigen Darstellungen, in denen er ein länglich verformtes, beinahe beunruhigend wirkendes Gesicht hat.

– War er der Nachfolger, den Amenophis III. sich gewünscht hatte?, fragte Isidor.

– Ja, Amenophis IV., wie Echnaton auch hieß,

wuchs bei Hofe auf, wurde von Amenophis, dem Sohn des Hapu, unterrichtet und von der Königin Teje beraten, die ihren Mann um beinahe acht Jahre überlebte.

Die schöne Nofretete

– Echnaton, war das nicht der, der Nofretete heiratete?

– Das stimmt. Ihr Name, »Die Schöne ist gekommen«, bedeutet, dass sie wie jede Königin das Schöne an sich verkörperte, das heißt die Göttin Hathor, die nach Ägypten gekommen war, um das Land mit ihrer Liebe zu erleuchten. Wir kennen ihr wunderschönes Gesicht von zwei Büsten, die in Berlin und Kairo aufbewahrt werden. Das feine Gesicht der Königin mit dem leichten Lächeln, dem langen Hals, der schmalen, geraden Nase und den weichen Lippen scheint von einem inneren Licht erleuchtet.

– Wetten, sie war auch wieder eine starke Persönlichkeit wie Hatschepsut und die Königin Teje?

– Ganz richtig. Und Teje und Nofretete verstanden sich bestens, Teje führte Nofretete sogar in die Pflichten ihres Amtes ein. Bis zum 4. Regierungsjahr wohnte das königliche Paar auch in Theben, wo der Pharao wie seine Vorgänger der »Auserwählte Amuns« war. Aber schon damals beharrte er auf der Bedeutung der Sonnenkulte, stellte sich als erster Diener Res dar und ehrte seine sichtbare Darstellung, die Sonnenscheibe Aton. Für sie ließ er Bauwerke im östlichen Teil von Karnak errichten. Hier erschien zum ersten Mal das Symbol Atons: eine Sonnenscheibe, umgeben von Strahlen, die in Leben spendende Hände übergehen.

DIE SCHÖNHEIT NOFRETETES Diese feine, eine bezaubernde Sanftheit ausstrahlende Rundplastik Nofretetes, die in Quarzit gemeißelt ist und im Ägyptischen Museum, Berlin, aufbewahrt wird, zeigt Echnatons Gemahlin als verträumte Schönheit. Auf die für diese Zeit typische Verformung der Gesichtszüge wurde hier verzichtet.

Das Licht Atons

DER KULT ATONS
Hier opfert Echnaton,
die Weiße Krone auf
dem Haupt, mit seiner
Gemahlin Nofretete
sowie einer seiner
Töchter dem Sonnen-
gott Aton. Aton nährt
die königliche Familie
mit seinen Leben
spendenden Strahlen-
händen (Ägyptisches
Museum, Kairo).

– Warum wird manchmal von Amenophis IV. und manchmal von Echnaton gesprochen? Es ist doch immer derselbe König gemeint!, wunderte sich Isidor.

– Damit sprichst du das wichtigste Ereignis des 6. Regierungsjahres an: Amenophis IV. änderte seinen Namen. Er schwor dem Kult Amuns von Karnak ab und wurde Anhänger des Gottes Aton. Deshalb nannte er sich nicht mehr »Amun ist gnädig«, sondern »Das Licht des Aton«. Aber das war nur ein erster Schritt: Nun musste er Aton noch eine seiner Würde angemessene Hauptstadt und einen Tempel weihen, also eine unbewohnte Stelle finden, an der man eine neue Hauptstadt gründen konnte. Echnaton selbst wählte den Ort aus und überwachte den Bau Achet-Atons, der »Sonnenstadt«, die heute Tell el-Amarna heißt. Am dreizehnten Tag des vierten Wintermonats des Jahres 6 seiner Regierung legte man den Grundstein zu ihrem Bau. »Der König erschien auf einem großen Wagen aus Elektrum (einer Mischung aus Gold und Silber), Aton gleich, wenn er über seiner lichtdurchfluteten Gegend scheint und die Erde mit seiner Liebe erfüllt. Die Erde frohlockte, und jedes Herz erfreute sich beim Anblick des Königs, der seinem Vater ein großes Opfer darbrachte.« Außerdem ließ Echnaton vierzehn Stelen aufstellen, die auf ewig das Besitztum Atons bestimmen sollten.

– Mussten, als die Stadt fertig war, alle Einwohner von Theben in die neue Stadt umziehen?

– Nur ein Teil der Bewohner Thebens kam, um die in aller

Eile erbaute neue Hauptstadt zu bewohnen. Tempel, Verwaltung, Werkstätten und Läden wurden so schnell wie möglich eröffnet. Und es gab keinen Bürgerkrieg und keinen offenen Konflikt mit den Priestern Amuns, denen der junge Pharao wahrscheinlich vorwarf, zu große wirtschaftliche Bedeutung erlangt zu haben.

Die neue Religion

– War das nicht eine komplette Abkehr von der vorher herrschenden traditionellen Religion?, fragte Susanne.
– Ich meine nicht. Zwar ließ Echnaton den Namen des Gottes Amun an manchen Stellen ausmerzen und setzte in der Hauptstadt ausschließlich den Kult Atons durch, doch der Volksglaube wurde nicht verboten. Der Wille, einen einzigen Glauben durchzusetzen, ist im alten Ägypten, wo man aus diplomatischen Gründen lieber Toleranz walten ließ, in der Tat eher ungewöhnlich. Echnaton führte keinen Religionskrieg, noch kritisierte er die pharaonische Institution. Von Fanatismus oder Gesellschaftskrise kann deshalb nicht die Rede sein, allerhöchstens von einem besonderen Weg. Wenn Echnaton den Sonnenaufgang feierte, so sagte er: »Wie zahlreich sind die Teile Deiner Schöpfung, die unseren Augen verborgen sind, einziger und unvergleichlicher Gott; auf Deiner Hand gelangt das Universum zur Existenz. Du erhebst Dich, es lebt: Du legst Dich schlafen, es stirbt.«

Die Sonnenstadt

– Und wie war das Leben so in der neuen Sonnenstadt?
– »Groß ihrer Reize wegen, den Augen angenehm aufgrund ihrer Schönheit«: So beschreibt ein Bewohner die neue Hauptstadt. Die schönsten Bauwerke waren der mit Landschafts-, Vogel- und Fischbildern geschmückte königliche Palast und

der große Aton-Tempel. Hier konnte der Kult, der aus einer Folge von Opfergaben bestand, bei offenem Himmel gefeiert werden. Jeden Tag begab sich das königliche Paar vom Palast in den Tempel, und man kann sich keinen schöneren Anblick vorstellen als Echnaton und Nofretete, wie sie im Pferdewagen unter der Leben spendenden Strahlensonne die Hauptstadt durchquerten, deren Luxus mit Theben vergleichbar war. Echnaton präsentierte sich als Prophet, der seinen Anhängern das Wort Atons verkündete, aber auch Nofretete erlangte ein solches Ansehen, dass manche Ägyptologen sie sogar für den wahren Pharao halten. Denn die Sonnenscheibe, die sie singend und musizierend ehrte, ging auf, so hieß es, »um Nofretete ihre Gunst zu bezeugen«, und unter, »indem sie ihre Liebe zu ihr vervielfachte«. Der König hatte einige Posten neu besetzt. Nur Ramose, der schon in Theben ein Wesir war, blieb auch in der Sonnenstadt in diesem Amt. Weitere einflussreiche Persönlichkeiten bei Hofe waren der kluge und vorsichtige Würdenträger Eje und der General Haremhab.

Die neue Offensive der Hethiter

– War Echnaton eigentlich ein friedfertiger oder eher ein kriegerischer König?, fragte Isidor.
– Eher ein friedfertiger. Im 12. Regierungsjahr empfing das königliche Paar mit großer Pracht ausländische Botschafter, die ihnen ihren Tribut zollen wollten. An diesem Empfang nahmen auch die sechs Töchter Echnatons und Nofretetes teil, die Königinmutter Teje hingegen war schon gestorben. Ihr Tod war ein großer Verlust, denn sie war Expertin für ausländische Angelegenheiten. Echnaton hielt die bestehenden Bündnisse zwar ein, aber er war wohl kein guter Diplomat. Außerdem nahm er die Feldzüge der Hethiter nicht ernst genug. Die hatten einige mit Ägypten verbündete Länder wie z. B. Byblos erobert, nachdem dessen Prinz den Pharao ver-

geblich um Hilfe gebeten hatte. Sie besiegten auch das Mitanni-Reich und Syrien, sodass Ägypten nun von einem riesigen Heer bedroht wurde. Doch der Pharao reagierte nicht, was vielleicht daran lag, dass das königliche Paar über den Tod der zweiten Tochter Makekaton, die im 14. Regierungsjahr starb, verzweifelt war. Von diesem Zeitpunkt an bis zum Ende ihrer Herrschaft im 17. Jahr gibt es nur wenige Nachrichten. Und mit dem Tod Echnatons verschwand auch der Kult Atons, die Sonnenstadt wurde wieder verlassen. Und auch für uns wird es Zeit, wieder nach Theben zurückzukehren.

Tutanchamun, der Pharao
mit der goldenen Maske

Als wir nilaufwärts nach Theben fuhren, zog die wunderschöne ägyptische Landschaft, über der noch immer das sonnige Lächeln der Göttin der Natur zu stehen schien, an uns vorüber. Isidor, der die ganze Zeit in Gedanken versunken war, lieferte uns schließlich das Ergebnis seiner Grübeleien.

DER PHARAO MIT DER GOLDENEN MASKE
Die goldene Maske zeigt das strahlende Gesicht mit dem unvergesslichen Blick des auferstandenen Pharaos Tutanchamun. (Ägyptisches Museum, Kairo).

– Mit dem Ende von Echnatons Herrschaft gab es doch sicher eine Auseinandersetzung zwischen den Anhängern Atons und denen Amuns, oder?
– Eher nicht, denn zur damaligen Zeit gab es weder »Anhänger« noch »Gegner«. Im alten Ägypten war ein Religionskrieg unmöglich. Niemand war im Besitz einer absoluten religiösen Wahrheit, die er anderen aufzwingen wollte, niemand wollte andere bekehren. So wurde der junge Tut-anch-Aton, »Das

Das Tal der Könige

Das auf der westlichen Seite Thebens (siehe Seite 74) gelegene Tal der Könige umfasst 62 nummerierte Gräber. Das 62., das zuletzt entdeckt wurde, gehört

Tutanchamun. Die pharaonischen Grabstätten sind mit Skulpturen, Malereien und hieroglyphischen Texten geschmückt. Manchmal wurde auch Persönlichkeiten, die nicht der königlichen Familie angehörten, und sogar Tieren die Ehre zuteil, im Tal der Könige bestattet zu werden, wenn auch nur in ungeschmückten Gräbern.

Der Zugang zur königlichen Totenstadt

Durch das von Felsen umschlossene Tal der Könige führen Wege, über die der Besucher die pharaonischen Gräber der 18. und 19. Dynastie erreichen kann.

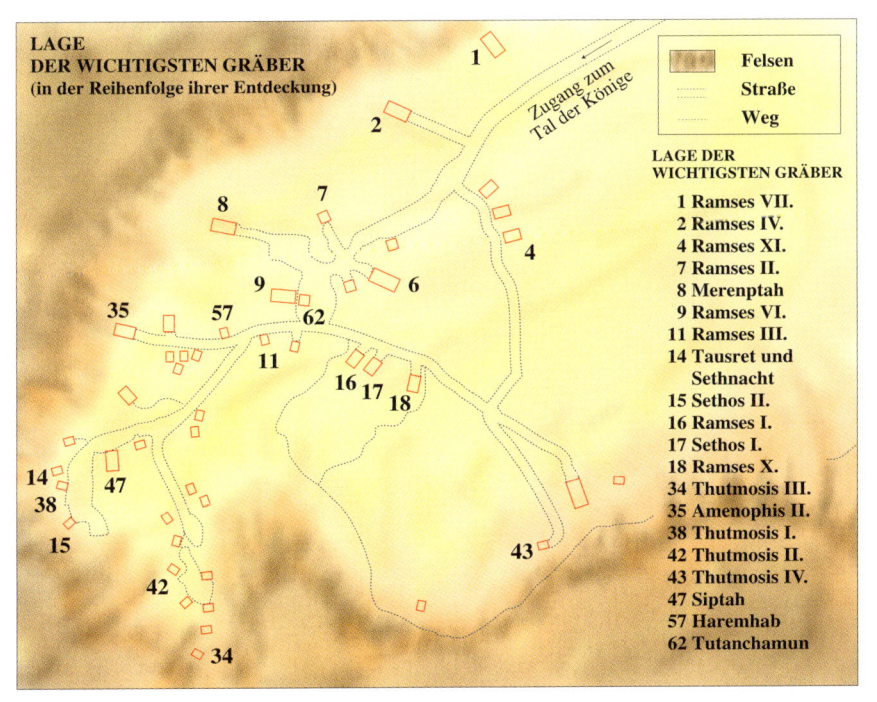

LAGE
DER WICHTIGSTEN GRÄBER
(in der Reihenfolge ihrer Entdeckung)

Zugang zum
Tal der Könige

Felsen
Straße
Weg

LAGE DER
WICHTIGSTEN GRÄBER

1 Ramses VII.
2 Ramses IV.
4 Ramses XI.
7 Ramses II.
8 Merenptah
9 Ramses VI.
11 Ramses III.
14 Tausret und
Sethnacht
15 Sethos II.
16 Ramses I.
17 Sethos I.
18 Ramses X.
34 Thutmosis III.
35 Amenophis II.
38 Thutmosis I.
42 Thutmosis II.
43 Thutmosis IV.
47 Siptah
57 Haremhab
62 Tutanchamun

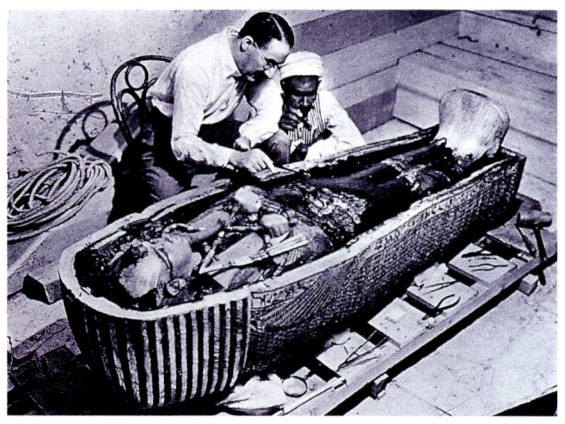

lebende Symbol Atons«, zum Pharao erwählt. Da es an der Zeit war, nach Theben und zu dessen größtem König Amun zurückzukehren, vollendete der neue König die magische Tat Echnatons, allerdings in umgekehrter Richtung. Er trat wieder dem Glauben an Amun bei und nannte sich nun Tut-anch-Amun, »Das lebende Symbol Amuns«. Wir werden ihn an einem berühmten Ort besuchen, in seinem Grab im Tal der Könige, das 1922 von Howard Carter entdeckt wurde.

Susanne und Isidor waren gespannt auf diese Anlage, die uns auf unserer Reise schon früher begegnet war. »Von allen Wundern Ägyptens«, hatte Carter geschrieben, »beflügelt keines die Fantasie so wie dieses.«

Hoch über dem wüstenartigen Tal, das die Gräber der großen Pharaonen des Neuen Reiches beherbergt, erhob sich pyramidenförmig die Bergspitze des Westens, auf deren Gipfel die Göttin der Stille zu Hause ist.

Ein unversehrtes Grab

Das kleine Grab Tutanchamuns sieht aus wie ein Heiligenschrein. Es war so sorgfältig versteckt, dass es den Grabräubern entging. Der erste Gegenstand, den der englische Ägyptologe Carter fand, war ein Alabasterbecher mit einer Aufschrift, die die Unsterblichkeit des Königs hervorhebt: »Dass dein Ka lebe! Auf dass du Millionen Jahre sitzend, mit dem Gesicht in Rich-

tung des Nordwindes und mit den Augen die
Gelassenheit betrachtend, verbringen mögest.«
– Alle königlichen Gräber waren geplündert worden, erklärte ich, tausende von Gegenständen
waren zerstört. Nur eine einzige Grabstätte,
nämlich die von Tutanchamun, ist uns
erhalten geblieben mit allem, was für die
Reise ins Jenseits nötig erschien: Sarkophage, ineinander geschachtelte Schreine,
Throne, Statuen, Pferdewagen, Becher,
Schmuckstücke, einbalsamierte Nah-
rungsmittel und vieles andere mehr. Dazu
drei Särge, von denen der letzte aus reinem
Gold besteht.
Wir betrachteten eine Zeit lang den Sarkophag, in dem die Mumie Tutanchamuns
lag. Die goldene Maske, die seinem Gesicht ewige Jugend und gottgleiches Aussehen verlieh, ist weltberühmt geworden.
Isidor war stark beeindruckt und wollte unbedingt mehr über diesen Pharao
wissen.

*DER PRACHT-
VOLLE THRON
TUTANCHAMUNS
Auf der Rückenlehne
des Thronsessels
Tutanchamuns ist
das königliche Paar
abgebildet. Zärtlich
berührt die Große
Königsgemahlin die
Schulter des sitzenden
Pharaos, ein magi-
scher Akt, durch den
sie ihm Kraft und
Stärke schenkt.*

Ein jähes Ende

– Wie war das denn mit Tutanchamun? Der muss doch ein
ganz großer, bedeutender Herrscher gewesen sein.
– Er regierte von 1334 bis 1325 v. Chr., also nur neun Jahre,
und wurde dabei von zwei erfahrenen Würdenträgern unter-
stützt, die er noch aus der Sonnenstadt kannte, dem Verwalter
Eje und dem General Haremhab. Verheiratet war er mit der
dritten Tochter von Echnaton und Nofretete. Die beiden
regierten ein friedliches und geeintes Land. In Theben kehrten die Leute zu ihren alten Gewohnheiten zurück. Bauherren
und Bildhauer begannen wieder, in Karnak und in den ande-

ALS HAREMHAB NOCH GENERAL WAR Dieses Relief aus dem thebanischen Grab Haremhabs (Rijks-museum van Oud-heden, Leiden) zeigt den König – der da-mals noch General war –, wie er zum Dank für seine Arbeit im Dienste Ägyptens goldene Ketten emp-fängt.

ren Tempeln zu arbeiten. Der starke Mann des Regimes, Haremhab, wachte über die Grenzen. Um die Eroberungs-gelüste der Hethiter zu stoppen, hat es wohl auch Feldzüge nach Asien gegeben. Doch der Pharao setzte weiter vor allem auf Diplomatie. Er hatte gerade angefangen, besondere Bezie-hungen zu Babylon und Assyrien aufzubauen, als er plötzlich, wahrscheinlich noch nicht mal zwanzigjährig, starb. Seine junge Witwe schrieb daraufhin dem König der Hethiter einen überraschenden Brief: »Mein Mann ist tot. Deine Söhne sind erwachsen. Schicke mir einen von ihnen. Ich werde ihn hei-raten und aus ihm einen König von Ägypten machen.« Ein

Hethiter auf dem Thron der »Beiden Länder«! Mit diesem Plan konnte Haremhab nicht einverstanden sein. Und der Hethiterprinz, der sich schließlich auf den Weg nach Ägypten machte, ist wohl auch nie angekommen. Also leitete der alte Höfling Eje das Begräbnis Tutanchamuns und heiratete symbolisch dessen Witwe. Vier Jahre lang bekleidete er das Amt des Pharaos. Nach seinem Tod folgte ihm Haremhab auf den Thron.

Haremhab als Gesetzgeber

N icht weit von Tutanchamuns Grab entfernt liegt das Grab Haremhabs. Es ist in warmen Farben, vor allem in Blautönen, gehalten, die Susanne und Isidor begeisterten. Eine der Darstellungen zeigt den König bei einer Opfergabe für die Göttin der Liebe Hathor. Sie verkörperte das zu Zeiten Haremhabs geltende Schönheitsideal.
– Merkwürdig, ein Soldat und so eine tolle Frau. Irgendwie hätte ich ihm das nicht zugetraut, bemerkte Susanne.
– Wir sollten die Bezeichnung »General« nicht falsch verstehen; selbst wenn er das dem Pharao unterstellte Heer leitete, war Haremhab doch vor allem königlicher Schreiber, Gelehrter und Jurist. Bevor man ihn zum Pharao krönte, war er lange Zeit eine Art graue Eminenz gewesen, die den beiden Wesiren des Königs Befehle erteilte und über alle wichtigen Entscheidungen Bescheid wusste. Dann gebot ihm der Gott Amun, das höchste Amt zu übernehmen, und stand ihm in seinen Entscheidungen bei. Erzählt wird die Geschichte so: Als Haremhab einmal in Karnak einem

HAREMHAB ALS PHARAO
Diese Wandmalerei in seinem wunderbaren Grab im Tal der Könige zeigt Haremhab als Pharao, wie er den Göttern eine Opfergabe darbringt.

großen religiösen Fest beiwohnte, erhob sich die Statue Amuns vor ihm und ernannte ihn zum Herrscher über die »Beiden Länder«. Bemerkenswert ist noch, dass Haremhab Amenophis III. als sein Vorbild und den eigentlichen Vorgänger bezeichnete. Wie dieser trat Haremhab für ein starkes und reiches Land ein. Zu diesem Zweck setzte er eine einschneidende Reform des Rechtswesens durch. Es gebe, so sagte er, veraltete Gesetze, die zu Ungerechtigkeiten führten, und Beamte, die ihre Arbeit nicht mehr ordentlich machten. Haremhab sorgte für die Korrektur früher begangener Fehler und ging gegen Faulheit und Korruption mit strengen Strafen vor. Er straffte den öffentlichen Dienst, organisierte das Gerichtswesen neu und verbesserte ganz nebenbei auch den Schiffsverkehr auf dem Nil.

DAS NEUE REICH
UND DAS JAHRHUNDERT
VON RAMSES II.

Als Susanne noch einmal die von Seiten der Hethiter drohende Gefahr ansprach, konnte ich sie beruhigen. Haremhab hat als Pharao nie Krieg geführt. Da er die Hethiter auf Distanz halten konnte, nutzte er den Frieden, um das Ansehen Ägyptens zu festigen und seinen Wohlstand zu erhalten. Zwar war er der letzte König der 18. Dynastie, doch galt Haremhab als eigentlicher Begründer der 19. Ihr erster König war ein alter Mann, der aus dem Delta stammte und sich Ramses nannte, »Sohn des göttlichen Lichts« (Re). Seine Herrschaft dauerte nur zwei Jahre und bereitete die Machtübernahme eines neuen großen Pharaos vor: Sethos I.

Sethos I. wusste mit Macht umzugehen

Im Tal der Könige liegt auch das mit Bildern bedeckte, etwa hundert Meter lange Grab von Sethos I. Auf Darstellungen und Texten kann man hier die Veränderungen des Lichts und den Auferstehungsprozess der königlichen Seele während der nächtlichen Stunden mitverfolgen, bei dem Sethos, der »große Gott voller Leben«, auf ewig zu neuem Leben erweckt wird. Aber über die Herrschaftszeit von Sethos I. erfuhren wir hier nichts; dazu mussten wir uns an einen anderen Ort, nach Abydos, begeben.

Die wichtigsten Pharaonen der 19. Dynastie

Die 19. Dynastie dauerte etwas über ein Jahrhundert (1293 bis 1188 v. Chr.).

Der bedeutendste Pharao war **Ramses II.**, dessen Herrschaft siebenundsechzig Jahre währte (1279–1212 v. Chr.).

Sethos I., Vater von Ramses II., war ein großer König, der in vierzehn Jahren Herrschaft (1291–1278 v. Chr.) wunderbare Bauwerke schuf. **Merenptah** (1212–1202 v. Chr.) hingegen, Ramses' II. Nachfolger, musste zwei Angriffsversuche abwehren. Mit der Herrschaft einer Pharaonin, **Tausret**, deren prächtiges Grab im Tal der Könige liegt, endete diese Dynastie.

Das Reich des Osiris

Abydos, das nördlich von Theben lag, war das Reich des Gottes Osiris, der von seinem Bruder, dem Gott Seth, getötet und von seiner Frau Isis wieder zum Leben erweckt worden war. Eine Pilgerfahrt nach Abydos bot den Lebenden die Möglichkeit, den Mysterien des Gottes beizuwohnen. Hatten sie nämlich nach ihrem Tod erst mal das Gericht des Jenseits

erfolgreich durchlaufen, wollten sie an Osiris' Seite leben. In Abydos erbaute nun Sethos, die irdische Gestalt des Gottes Seth, einen wunderbaren, Osiris geweihten Tempel. Die handwerklich unglaublich gelungenen Tempelreliefs wirkten auf Susanne und Isidor, als ob sie gerade eben erst fertig gestellt wären, solch eine Leuchtkraft besaßen sie. Sie zeigten Sethos bei den rituellen Handlungen, die die Gottheit wieder erwecken und ihre Gegenwart auf Erden sicherstellen sollten. Wir setzten uns vor eine Darstellung von Sethos, die zeigt, wie er der Göttin Maat, dem Sinnbild für Wahrheit, Gerechtigkeit und Harmonie des Universums, ein Opfer darbringt.

– Wenn er so viele wunderbare Dinge erschaffen hat, dann muss Sethos ja wohl ganz schön lange geherrscht haben, vermutete Susanne.

– Eigentlich nur dreizehn Jahre; doch da er die größte Macht von allen verkörperte, nämlich die des Gottes Seth, hinterließ er ein kolossales Werk. Das Gesicht, das seine Mumie zeigt, drückt Stärke und Herrschaftswillen aus.

Vor der Zeit seiner Herrschaft hatte Sethos im Militär als Generalleutnant der Streitwagen gedient und war in der Verwaltung als Wesir tätig gewesen. Mit dem Namen »Der, der die Geburten erneuert« präsentierte sich der Pharao als Be-

DIE ASTRONOMISCHE DECKE IM GRAB VON SETHOS I.
Dieses Kunstwerk befindet sich im Tal der Könige. Es zeigt die unterschiedlichen Sternbilder, symbolisiert durch einen Löwen, einen Stier und ein Krokodil. Man glaubte, dass die Pharaonen nach ihrem Tod in Form solcher Sterne zurückkehren würden.

*DER TEMPEL VON ABYDOS
Dieser prächtige, von Sethos I. erbaute Tempel ist ein Osiris geweihtes Heiligtum. Dort wurden die Mysterien des Gottes Osiris gefeiert und Wege zum Leben im Jenseits offenbart.*

gründer einer neuen Dynastie. Seine große Aufgabe bestand darin, seine ganze Macht zur Verteidigung der »Beiden Länder« einzusetzen und sie vor von außen drohenden Gefahren zu schützen – eine Aufgabe, bei der ihm seine Frau, die Königin Tuja, tatkräftig zur Seite stand.

Sethos hält die Hethiter in Schach

– Waren es auch diesmal wieder die Hethiter, die Ägypten erobern wollten?
– Genau, Isidor. Nach einer Zeit des Friedens gingen sie von neuem zum Angriff über. Von ihrem Stützpunkt Nordsyrien aus verbündeten sie sich mit den Beduinen und eroberten einige ägyptische Festungen. Wenn sich ihnen noch andere Stämme anschlossen, war ein Angriff sicher. Diesmal war mit Diplomatie nichts mehr zu machen. Sethos I. stellte sich an die Spitze eines gut gerüsteten Heeres, dessen Divisionen unter der schützenden Hand Gottes standen, und griff an. Dabei begnügte er sich nicht damit, die verlorenen Festungen zurückzugewinnen, sondern drang weit in das feindliche Gebiet im Norden vor. Dabei nahm er sogar die Festung von

Kadesch im Norden Syriens ein. Da er das Land jedoch nicht besetzte, blieb es unter hethitischer Herrschaft. Stattdessen beschlagnahmte Ägypten die phönizischen Häfen und kontrollierte damit einen wichtigen Handelszweig. Jetzt war zwar das Schlimmste verhindert, doch die militärische Macht der Hethiter bestand weiter, auch wenn Sethos sie auf Distanz hielt. Aber schon musste er sich mit anderen Angreifern, den libyschen Nomaden, an der westlichen Grenze auseinander setzen. Erneut hatte das ägyptische Heer Erfolg, und so konnte der Pharao vom »Erscheinungsfenster« seines Palastes aus den mutigen Kriegshelden »das Ehrengold« überreichen. Das Gold für die mutigen Soldaten wurde seit jeher in der Wüste und in Nubien geholt. Dort musste jetzt Sethos ein Wunder vollbringen, um die nächste Katastrophe abzuwenden.

DER SYRISCHE FEIND Spitzbart, von einem Stirnband zurückgehaltene üppige Haarpracht, bunte Bekleidung: So etwa sahen die aufmüpfigen Syrer aus, die die Pharaonen des Neuen Reiches zu bekämpfen hatten (Grab von Ramses III., Tal der Könige).

Die wunderbare Quelle

– Wie … ist er etwa selber unter die Goldgräber gegangen?, fragte Susanne.

– Ja, aber die Goldgräberei war eine schwierige Sache und das Reisen beschwerlich. Bei einer dieser Expeditionen war keine Wasserstelle weit und breit zu finden, sodass die Beteiligten es mit der Angst zu tun bekamen. Viele Männer drohten zu verdursten. Sethos, ein begabter Wünschelrutengänger, stieß aber schließlich doch auf eine Wasserstelle, denn Gott führte ihn. Die Quelle, die der Pharao entdeckte, hatte so viel Wasser, als ob sie direkt aus dem granitenen Felsspalt von Elephantine, dem Ursprung des Nilhochwassers, sprudelte.

Eigentlich war Sethos' gesamte Regierungszeit eine Art Wunder, so herrlich wie der Tempel von Abydos. Dort mussten sich alle, die in die Geheimnisse des Osiris eingeweiht waren, der Prüfung eines symbolischen Todes unterziehen, um zur Auferstehung zu gelangen.

In Abydos ist Sethos dargestellt, wie er den Weihrauch an sechsundsiebzig Pharaonen überreicht. Auf diese Weise ehrte der König seine Vorgänger. Doch kümmerte er sich nicht nur um seine berühmten Ahnen. Vor allem war er darauf bedacht, die Zukunft zu sichern, indem er seinen Nachfolger auf den Thron vorbereitete. Deshalb ernannte er seinen Sohn Ramses zum Mitregenten.

Ramses II., Sohn des Lichts

RAMSES II. ALS JUNGER MANN
Diese Büste von Ramses II. ist in der Deltastadt Tanis gefunden worden und wird heute im Ägyptischen Museum, Kairo, aufbewahrt. Sie drückt die von Gott gegebene Macht und den Edelmut des jungen Königs aus, der in seinem Leben viele Siege erringen sollte.

Wo kann man auf den Spuren von Ramses II. wandeln? Man möchte fast sagen, in ganz Ägypten. Denn in siebenundsechzigjähriger Herrschaft hat der Sohn von Sethos I. dem Land überall seinen Stempel aufgedrückt. In Karnak ließ er den riesigen Säulensaal zu Ende bauen, den sein Vater begonnen hatte. In Luxor ließ er den ersten Hof und den Pylon errichten, der vor den Kolossalstatuen und Obelisken stand. Ganz Nubien überzog er mit Heiligtümern und baute unter anderem den riesigen Doppeltempel in Abu Simbel. Darüber hinaus restaurierte er eine große Anzahl von Bauwerken des Alten Reiches. Sein Grab im Tal der Könige, das leider in sehr schlechtem Zustand ist, stand wahrscheinlich dem von Sethos I. in nichts nach. Von Ramses II., diesem berühmtesten aller Pharaonen, lässt sich am besten anhand des Ramesseums in Theben-West erzählen, einem seiner »Häuser von Millionen Jahren«. Also gingen wir hin.

Natürlich sind die Jahre an diesem Tempel nicht spurlos vorübergegangen. Auf dem Boden liegt der Kopf einer zerstörten,

DIE KOLOSSAL-STATUE RAMSES' II. Dieses außergewöhnliche Porträt Ramses' II. befindet sich im Ramesseum, seinem »Tempel von Millionen Jahren«. Zwar ist der Kopf vom Rumpf getrennt, doch hat er seine beeindruckende Würde behalten.

einst 18 Meter hohen und 1000 Tonnen schweren Kolossalstatue. Es stehen nur noch die Pfeiler, die Ramses als Osiris zeigen, sowie eine Halle mit starken, massiven Säulen.

Die türkisfarbene Stadt

– Wie fing denn die Zeit von Ramses an?, fragte Isidor.
– Sie begann, als sein Vater Sethos folgende Erklärung abgab: »Krönt Ramses, damit ich seine Vollendung zu meinen Lebzeiten sehen kann.« Von solch einem Lehrer unterrichtet, in allen geistigen und körperlichen Disziplinen ausgebildet und an die Strenge der militärischen Übungen gewöhnt, war der junge Ramses, der bei Sethos' Tod wahrscheinlich etwa zwanzig Jahre alt war, bereit, die Regierung zu übernehmen. Ihn unterstützten Nefertari, seine junge und kluge Große Königsgemahlin, Tuja, seine Mutter, und seine Freunde, die ihm stets mit Rat und Tat zur Seite standen. Ramses machte sich als Pharao sehr schnell einen Namen und wählte Pi-Ramesse, die im Delta gelegene »Stadt des Ramses«, als neue Haupt-

stadt. Man nannte sie wegen der grünlichen Dachziegel, die die Häuser schmückten, die türkisfarbene Stadt. Er begann den Bau seines »Hauses von Millionen Jahren«, ernannte in Karnak einen neuen Hohepriester des Amun und begab sich nach Abydos, wo er erzürnt feststellte, dass die Arbeit am Tempel seines Vaters in Verzug geraten war. Seine Energie und Entschlossenheit versprachen vom ersten Tag an eine starke und glückliche Regierungszeit.

Die Schlacht um Kadesch

– Wieso glücklich? Die Hethiter waren doch immer noch da und hatten nichts von ihrer militärischen Stärke verloren, warf Susanne ein.

– Du hast Recht, die militärische Macht und der Eroberungswille der Hethiter waren in der Tat sogar weiter gewachsen. Ein Konflikt zwischen Ägypten und dem Reich der Hethiter, der auch die Fürstentümer Vorderasiens betraf, war

*KADESCH
An diesem berühmten Ort fand die Schlacht zwischen Ramses und den Hethitern statt.*

nicht mehr abzuwenden. Der größte Zankapfel war die Kontrolle über die Nachbarländer Libanon und Nordsyrien. Die Zukunft der ägyptischen Zivilisation und das Schicksal Vorderasiens standen auf dem Spiel: Siegten die Hethiter und das Bündnis, an dessen Spitze sie standen, so würde Ägypten besetzt. Im Frühling des 5. Regierungsjahres von Ramses II. war der Zeitpunkt für die entscheidende Schlacht gekommen. Jede Seite warf ihre gesamte Streitmacht in die Waagschale. Ramses erwartete den Feind nicht, sondern marschierte auf ihn zu. Er konnte sich dieses Wagnis nur leisten, weil in den »Beiden Ländern« Ruhe und Ordnung herrschten und er dem inneren Frieden auch trauen konnte. Denn die Königsmutter Tuja und die Große Königsgemahlin Nefertari waren durchaus in der Lage, in seiner Abwesenheit zu regieren. Die Schlacht fand in der Nähe der Festung von Kadesch in Nordsyrien statt. Von den Hethitern ausgeschickte Agenten meldeten Ramses, dass das feindliche Heer noch weit entfernt sei, während es sich in Wirklichkeit schon ganz in der Nähe verbarg. Die ägyptischen Streitkräfte, durch einen Wald und den Fluss Oronte in ihrer Bewegungsfreiheit eingeschränkt, begaben sich in eine ungünstige Stellung. Als die Hethiter und ihre Verbündeten schließlich einen Überraschungsangriff wagten, war Ramses schnell von einer feindlichen Hundertschaft umzingelt und zudem von seinem Heer getrennt.

Isidors Augen blitzten besorgt auf.

– Und … ist er trotzdem entkommen?

– In seiner ausweglosen Situation wandte sich Ramses an den Gott Amun. »Mein Vater«, rief er, »warum hast du mich verlassen?« Amun erhörte seinen Sohn und verlieh seinen Armen übernatürliche Kraft. So konnte sich Ramses dank des Mutes seiner beiden Pferde und der Kampfeslust seines Löwen aus der Falle befreien. Von da an war er kein Bogen-

DIE GELIEBTE GEMAHLIN NEFERTARI Im Tal der Königinnen befindet sich das Grab der ersten Großen Königsgemahlin Ramses' II., das mit herrlichen Wandmalereien ausgestattet ist, die erst vor kurzem restauriert wurden. Hier sieht man die Königin mit dem Unsichtbaren Schach spielen. Gewinnt sie, so gelangt sie in das Reich der Ewigkeit.

GEFANGENE GEGNER
Links ein Nubier mit
hinter dem Rücken
gefesselten Armen.
Der Name seiner
Sippe steht auf einem
gezackten Amulett,
das in den Besitz des
Pharaos übergegangen
ist. Rechts ein gefange-
ner Libyer. Auch die
libyschen Invasions-
versuche wurden
von Ramses zurück-
geschlagen.

schütze mehr, sondern ein unbesiegbarer Gott, der seinen Feinden große Furcht einflößte. Entmutigt schlugen die Hethiter und ihre Verbündeten einen Waffenstillstand vor, und Ramses, der Sieger einer fast verlorenen Schlacht, akzeptierte.

Isidor machte ein nachdenkliches Gesicht.

Weder Sieger noch Besiegte

– Hat er wirklich dem Waffenstillstand zugestimmt, oder ist das nur eine Legende?

– All diese ägyptischen Texte, die auf den Wänden der großen Tempel in Kadesch stehen, machen es einem sehr schwer, die Grenze zwischen Legende und Wahrheit zu ziehen! Fest steht aber, dass Ramses die Hethiter daran hinderte, ihre aggressive und expansionsorientierte Politik fortzusetzen. Zwischen dem 5. und 21. Regierungsjahr führte Ramses II. viele Verhandlungen, die allerdings immer wieder von kleineren Kriegen unterbrochen wurden. Zu guter Letzt sahen die beiden Gegner ein, dass es keinen Sieger geben würde und man besser daran tat, einen Friedensvertrag abzuschließen.

So verständigten sich Ramses und Hattuschili, der König der Hethiter, im Jahr 21 über einen Nichtangriffspakt und schlossen zur gegenseitigen Unterstützung ein Bündnis gegen ihre gemeinsamen Gegner. Palästina blieb unter ägyptischer und der Libanon unter hethitischer Vorherrschaft. Die Götter der beiden Staaten waren Zeuge und würden all diejenigen bestrafen, die sich den Klauseln des

RAMSES II. IM MARSCHSCHRITT Ramses II. marschiert aus dem Felsen hervor, was seine Vorherrschaft über Nubien demonstrieren soll, und überbringt die Botschaft der Götter.

Vertrages widersetzten. Der Wortlaut des Vertrags wurde sowohl in den Hethiter-Archiven aufbewahrt als auch in die Wände des Tempels von Karnak und des Ramesseums geritzt.

Eine Hethiter-Prinzessin wird Königin Ägyptens

– Und wurde der Vertrag auch wirklich eingehalten?, fragte Susanne skeptisch.
– Der Konflikt mit den Hethitern war durch ihn endgültig zu Ende. Es fand von nun an zwischen den beiden Ländern kultureller Austausch und Handel statt, und man konnte frei reisen. Vor allem die ägyptischen Ärzte waren am Hof der Hethiter sehr begehrt. Im 34. Jahr heiratete Ramses eine der Töchter Hattuschilis, um den Frieden endgültig zu besiegeln. Er erwies ihr die Ehre, Große Königsgemahlin, also Königin Ägyptens, zu werden. Die Anreise der Prinzessin war wegen schlechter Wetterbedingungen beschwerlich. Ramses II., der wie sein Vater Sethos I. magische Kräfte besaß, bat Seth, den

Gott des Gewitters und der Störungen des Kosmos, das schöne Wetter wieder zurückzubringen. Und Seth tat, worum ihn der Pharao gebeten hatte. An der Grenze gelobten ägyptische

und hethitische Soldaten sich gegenseitig Bruderschaft und feierten ein gemeinsames Festmahl.

Susanne war ziemlich irritiert, dass Ramses einfach noch eine zweite Frau heiratete.

– Wieso hat Königin Nefertari eine andere Königin neben sich akzeptiert?

– Das war nicht so, wie du denkst. Nefertari, Ramses' große Liebe, war bereits tot. Sie lag in einem wunderbaren, über und über geschmückten Grab, dem schönsten und am besten erhaltenen des Tals der Königinnen. In Abu Simbel, also in Nubien, hatte der Pharao zwei große Tempel zu Ehren des königlichen Paares erbauen lassen, einen für den Ka des Königs und einen zweiten für Nefertari, das heißt: »Die, für die die Sonne aufgeht«. Eine Darstellung in diesem Tempel zeigt die Krönung Nefertaris, die damit zugleich Königin der Göttinnen wurde.

– Stimmt es, dass Ramses an die hundert Kinder hatte? Dann muss er ja noch unglaublich viele andere Frauen gehabt haben, stellte Susanne fest.

*DIE ZWEI TEMPEL
VON ABU SIMBEL
IN NUBIEN
Auf beiden Bildern
ist links der Ramses-
Tempel, vor dessen
Fassade vier Kolossal-
statuen sitzen, und
rechts der Tempel von
Nefertari zu sehen,
ein steinernes Denk-
mal für die Ewigkeit.
Nach dem Bau des
Assuan-Staudamms
im Jahr 1970 wur-
den die beiden Tempel
versetzt und stehen
heute über dem
Nasser-See
(s. rechtes Foto).*

– Da er sehr alt geworden ist – wahrscheinlich an die neunzig Jahre, hatte Ramses II. in der Tat mehrere Königsgemahlinnen. Bei den vielen »Königssöhnen« und »Königstöchtern« lässt es sich jedoch unmöglich sagen, wer nun tatsächlich sein Kind war, denn die Bezeichnungen waren Adelstitel. »Söhne« und »Töchter« waren Bestandteil eines prunkvollen Hofs. Ramses zu Ehren gab es dreizehn Erneuerungsfeiern. Die erste fand im 30. Jahr seiner Herrschaft statt. Da die Gefahr des Krieges gebannt war, konnte sich Ramses zwei anderen wichtigen Aufgaben widmen: Er sicherte den Wohlstand von Ober- und Unterägypten und baute Tempel für die Gottheiten. Außerdem kümmerte sich der »Goldberg« und »Sonne der Prinzen« genannte Ramses II., gemäß den Verhaltensregeln für Pharaonen, um die Armen. Sein besonderes Interesse galt den Handwerkern, die die Gräber, Heiligtümer, Kolossalstatuen und Gemälde erschaffen hatten, die wir heute bewundern.

Moses führt die Israeliten aus Ägypten

– Stimmt es eigentlich, dass Moses die Israeliten zu Ramses' Zeiten aus Ägypten geführt hat?, fragte Isidor plötzlich.

– Das ist möglich, aber in den ägyptischen Texten wird dieser Auszug ganz anders dargestellt als in der Bibel, denn die Israeliten waren freie Arbeiter und keine Sklaven. Einige waren Experten in der Herstellung von Lehmziegeln und haben bei der Erbauung der Gebäude und des Palasts von Pi-Ramesse, der neuen Hauptstadt, mitgeholfen. Das Datum des Auszugs, wenn er überhaupt stattgefunden hat, ist unbekannt. Einige Ägyptologen glauben aber fest, dass er wirklich in die Herrschaftszeit Ramses' II. fiel, andere datieren ihn früher. Von Bedeutung ist, dass Moses in der »gesamten Weisheit der Ägypter geschult« war. Um seinen Traum vom eigenständigen israelitischen Staat zu verwirklichen, brauchte er einen Gründungsmythos, und so schuf er den von der Reise ins Gelobte Land.

– Ramses hat zwar sehr lange gelebt, aber wie ging es nach
ihm weiter?

– Aufgrund der Analyse seiner Mumie, die kürzlich in Paris
untersucht wurde, wissen wir nur, dass der greise Pharao an

Zahn- und Rückenschmerzen litt, mehr wissen wir aber leider nicht. Unter den »königlichen Söhnen« hatte er Merenptah als seinen Nachfolger auserwählt. Solange er lebte, war das Ansehen Ramses' II. so groß, dass kein fremdes Volk es wagte, Ägypten anzugreifen. Doch nach seinem Tod verschlechterte sich die Situation. Wir sind jetzt zwar erst bei der 19. Dynastie angelangt und das alte Ägypten bestand noch mehrere Jahrhunderte; aber nie wieder sollte das Land dieselbe Kraft und denselben Reichtum erlangen wie unter Ramses II. Nach ihm gerieten Ober- und Unterägypten immer mehr unter Druck. Wie eine Insel waren sie von aufrührerischen Völkern umgeben. Sie wurden von allen Seiten bedroht. Der nächste Pharao Merenptah, »Der vom Gott Ptah Geliebte«, musste an drei Fronten gleichzeitig kämpfen, um das Land zu verteidigen. Er stritt gegen Angreifer aus dem Norden, gegen libysche Sippen aus dem Westen und gegen aufständische Nubier im Süden. Doch die Magie von Ramses dem Großen war gebrochen; plötzlich traten zerstörerische Kräfte auf. Zwar gelang es dem Pharao, die Gefahr zu bannen, aber zunichte machen konnte er sie nicht. Das Ende der 19. Dynastie und der Beginn der 20. Dynastie sind unruhige Zeiten, von denen wir allerdings nur wenig wissen. Erst Ramses III., dessen Vorbild Ramses II. war, gelang es noch einmal, eine starke pharaonische Macht aufzubauen.

DAS ENDE DES GROSSEN ÄGYPTEN

Trotz wachsender Schwierigkeiten hatte auch Ramses III. ein riesiges »Haus von Millionen Jahren« in Theben-West erbauen lassen: Medinet Habu. Es befindet sich ungefähr eineinhalb Kilometer südöstlich des Ramesseums. Überwältigt von den riesigen Ausmaßen und der Stärke seiner Mauern, die es von der Alltagswelt abschotteten, standen Susanne und Isidor vor diesem größten und am besten erhaltenen ägyptischen Totentempel. Medinet Habu war auf einem heiligen Hügel erbaut, einem Ort der Ruhe für die verehrungswürdigsten Götter, die die Welt erschaffen hatten. Der Tempel war Sitz der Verwaltung und bildete die letzte Zufluchtsstätte für Handwerker und Priester, als das Leben immer unsicherer wurde.

DIE OPFERGABE VON RAMSES III. Gelassen und lächelnd ist Ramses III. bei der Feuergabe und Opferung wohlriechender Substanzen zu sehen, deren raffiniertes Parfum den Geruchssinn der Gottheiten erfreut.

Der letzte große Pharao Ramses III.

W ir gingen durch die Walltore, vorbei an dem 24 Meter hohen ersten Pylon, und gelangten in den ersten großen Hof, der an den königlichen Palast grenzt. Dem Pharao hatten dort ein Audienzsaal sowie bequeme Privatgemächer mit einem Brunnensaal zur Verfügung gestanden.

– Was waren das denn für Gefahren, denen der Pharao ausgesetzt war?, fragte Isidor.

– Es waren ziemlich ernste, die Ramses III. im 5., 8. und 11. Regierungsjahr abwenden musste. Mehrere Invasionswellen nötigten ihn, einen Dreifrontenkrieg zu führen. Die Nubier im Süden besiegte er leicht. Auch die Libyer im Westen warf er relativ schnell zurück. Aber im Nordosten war die Gefahr um einiges schlimmer. Dort waren Eroberer nach Ägypten eingedrungen, fest entschlossen, sich dort niederzulassen. Es waren die »Seevölker«.

NUBISCHE GEFANGENE Unter der Herrschaft von Ramses III. musste sich Ägypten mehrerer Angriffe erwehren. Unter den Nubiern konnten Gefangene gemacht werden, bei den Angreifern aus dem Norden gelang das nicht.

Eroberer aus dem Norden

– Seevölker? Woher kamen die denn?, hakte Isidor nach.

– So genau wissen wir das noch immer nicht. Die einen glauben, dass es sich um Menschen aus dem nördlichen Mittelmeerraum und Philister handelte, die übrigens Palästina seinen Namen gegeben haben. Die anderen meinen, man sollte sie lieber einfach »Völker aus dem Norden« nennen, denn vielleicht kamen sie ja gar nicht übers Mittelmeer. Wie dem auch sei, sie hatten das Hethiter-Reich zerschlagen, Syrien-Palästina durchquert, und jetzt griffen sie Ägypten an. Ramses III. sammelte alle zur Verfügung stehenden Kräfte, das heißt Berufssoldaten, fremde Söldner

und junge freiwillige Rekruten. Es blieb trotzdem fraglich, ob er so seinen vielen Angreifern Widerstand entgegensetzen konnte. Als brillanter Stratege führte der Pharao seinen Krieg gleichzeitig zu Wasser und zu Land. Er ließ Kriegsschiffe bauen, mit denen er einen Seitenarm des Nils versperrte, sodass seine Gegner nicht weiter vordringen konnten. Und in der Schlacht nahmen sich alle ein Beispiel an ihrem König. Die ägyptischen Bogenschützen übertrafen sich gegenseitig, Kämpfer und Seeleute schlugen sich wie die Löwen und brachten den Angreifern schwere Verluste bei. Schließlich zogen die sich zurück. »Wer an meine Grenzen rührt«, verkündete Ramses III., »dessen Rasse ist ausgelöscht.« Das war allerdings nur ein Wunschtraum, denn Ägypten war nicht mehr in der Lage, wie noch unter Thutmosis III. und Ramses II., eine Armee so weit in den Norden zu schicken, dass keine Gefahr mehr für die Grenzen seines Landes bestand. Ramses III. hatte sein Reich nur für wenige Jahrzehnte retten können. Immerhin gab ihm der im Jahr 11 seiner Regierungszeit erreichte Sieg die nötige Zeit, um die traditionellen Expeditionen zu den Türkis- und Kupferminen auf dem Sinai zu

MEDINET HABU, EIN »HAUS VON MILLIONEN JAHREN« Ramses III. ließ sich auf dem heiligen Hügel in Medinet Habu einen riesigen Tempel erbauen, eine wahre Festung, in der die wichtigsten Götter begraben liegen.

EINE ANSCHAULICHE DARSTELLUNG AUS DEM GRAB VON RAMSES III.
Der Pharao bietet dem auferstandenen Osiris eine Opfergabe dar. Hinter ihm steht Isis und schlägt mit den Flügeln, um ihm Lebensluft zuzufächeln.

organisieren und den Tempel in Karnak zu verschönern, dessen Ländereien und Kultanlagen mehr als 80 000 Menschen ernährten. Auch der Tempel von Medinet Habu, dessen altägyptischer Name so viel bedeutet wie »Der, der mit der Ewigkeit verbunden ist«, entstand in dieser Zeit. Aber da erhoben sich unzufriedene Stimmen. Die Handwerker, die die Gräber auf der Westseite des Flusses anlegten und ausschmückten, beschwerten sich, dass sie das ihnen zustehende Essen und

auch andere Dinge nicht pünktlich bekämen. Der Wesir, dessen »Rolle das Geben war und nicht das Nehmen«, kümmerte sich zwar persönlich um sie, doch es war nicht zu leugnen, dass sich die wirtschaftliche Situation zusehends verschlechterte. So endete die Herrschaft von Ramses III., des Retters von Ägypten, leider tragisch.

Korruption und Verbrechen

– Und wie endete Ramses III.? Ist er ermordet worden?, fragte Susanne.
– So genau weiß man das nicht, aber die Texte sprechen von einem Prozess, der zur Verurteilung wichtiger Persönlichkeiten bei Hofe führte. Sie sollen versucht haben, Ramses III. mittels schwarzer Magie zu beseitigen und ihn durch einen der ihren zu ersetzen. Sogar einige mit der Untersuchung Beauftragte und selbst Richter sollen korrupt gewesen sein. Doch die Intrige flog auf und »ihr Verbrechen fiel auf die Köpfe der Schuldigen zurück«, heißt es.
In seinem prachtvollen Grab im Tal der Könige ist die Begegnung von Ramses III. mit den Gottheiten dargestellt. Auch Alltagsgegenstände sind zu sehen, wie Möbel, heilige Nahrung und Waffen. Dazu spielen zwei Musikanten auf der Harfe und singen für alle Ewigkeit das Lied von Ägypten und seinem ungebrochenen Glauben an das Glück.

Die letzten Dynastien

Nach dem Tod von Ramses III. verbrachte Ägypten noch acht Jahrhunderte in Unabhängigkeit. Viele Pharaonen stiegen auf den Thron Ober- und Unterägyptens, und viele Dynastien folgten aufeinander, bis zur dreißigsten und letzten. Doch langsam und unaufhaltsam entwickelte sich Ägyptens Niedergang, auch wenn es immer wie-

DIE HEILIGE INSEL PHILAE Im Süden Ägyptens liegt im Nil die Insel Philae, auf der ein prächtiger Tempel gebaut wurde. Dieser Tempel ist Isis, der »Herrscherin über die Sterne« und »großen Magierin« geweiht. Hier wurde der letzte Hierogly- phentext geschrieben.

der Blütezeiten erlebte und seine Werte und seine Kultur ver- teidigte. Um Susanne und Isidor diese letzte Zeit zu veran- schaulichen, reisten wir zur Insel Philae, die sich im Süden des Landes in der Nähe von Assuan befindet. Auf dieser heiligen Insel, die der Göttin Isis, »der großen Magierin«, geweiht ist, steht heute noch immer der letzte Tempel Altägyptens.

Hier wurde zum letzten Mal ein Hieroglyphentext eingeritzt. Und hier steht der Tempel, der Imhotep, dem Erbauer der ersten Pyramide und Schutzherrn der Baumeister, geweiht ist. Mit einem kleinen Boot waren wir bis zur Anlegestelle ge- kommen. Kaum hatten wir den Vorplatz betreten, umfing uns ein Gefühl von Zeitlosigkeit. Der große Isistempel von Philae wirkte auf uns wie ein zu Stein gewordener Gesang auf Schönheit und Liebe. Wir begaben uns in einen kleineren Tempel, der Hathor, der Göttin der Freude, geweiht war. Dorthin war die »ferne Göttin« nach ihrem Exil in Nubien gekommen, um Ägypten blühend und reich zu machen.

– Was ist denn nach dem Tod von Ramses III. passiert?, fragte Isidor.

– Die folgenden Ramessiden lebten zwar in Frieden, hatten aber wie er mit sozialen und wirtschaftlichen Schwierigkeiten zu kämpfen.

Unter Ramses XI. wurden beispielsweise einige königliche Gräber geplündert. Die Diebe wurden dingfest gemacht und streng bestraft; doch allein die Tatsache der Plünderung zeigt, wie schwer die Krise war. Den Priestern blieb übrigens nichts anderes übrig, als die meisten Mumien aus ihren Gräbern zu holen und so gut in einer Totenstätte zu verstecken, dass sie die Archäologen erst gegen Ende des 19. Jahrhunderts wieder fanden. Im 19. Regierungsjahr dieses Pharaos wurde auch eine »Erneuerung der Geburt« ausgerufen, um Ägypten aus seiner schwierigen Situation zu befreien.

DIE SPHINX VON TANIS
Eine Sphinx mit Königskopf, die in Tanis, der Hauptstadt der Pharaonen der 22. Dynastie, entdeckt wurde (Louvre, Paris).

Die Teilung der »Beiden Länder«

– Hatten die auf diese »Erneuerung« folgenden Pharaonen denn mehr Erfolg?

– Nein, denn Ägypten litt unter der Teilung zwischen Süden und Norden. Über das Delta mit Memphis als Hauptstadt herrschte eine Dynastie, während die Hohepriester Amuns die Macht in Theben übernommen hatten. Sie versuchten im Süden, die Traditionen zu retten, während der Norden, der einen Zugang zum Meer hatte, immer stärkere Verbindungen zum Mittelmeerraum und dessen Einflüsse knüpfte. Die Pharaonen der 22. und 23. Dynastie waren lybischer Herkunft. Aber sie schützten die Institutionen des Pha-

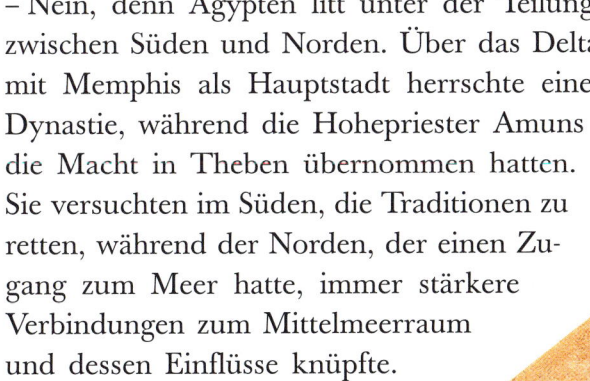

raos und setzten die Verschönerung des Tempels von Karnak weiter fort. In der 22. Dynastie wurde Tanis im Delta zur Hauptstadt.

Die äthiopische Dynastie

Im 8. Jahrhundert v. Chr. eroberte der Nubierkönig Pianchi Ägypten. Er zerstörte das Land aber nicht, sondern beseitigte nur alle unfähigen und korrupten Würdenträger und ließ die alten Kulte und heiligen Werte wieder aufleben. Die 25. Dynastie, die fast ein Jahrhundert dauerte (750 – 656 v. Chr.) wird »äthiopisch« genannt, weil in dieser Zeit schwarze Herrscher, die Amun und den alten Ritualen sehr verbunden waren, Ägypten regierten.

– Merkwürdig! Da haben die Ägypter die ganze Zeit gegen Libyer und Nubier gekämpft. Und dann werden sie von ihnen doch regiert! Und nicht nur das. Die Eroberer schützen auch noch die traditionellen heiligen Werte, stellte Susanne irritiert fest.

– Das Gute war eben, dass sie wie Pharaonen herrschten, denn sie waren große Anhänger dieser Regierungsform. Sie verteidigten die »Beiden Länder« auch gegen die Assyrer, die ihre Vorherrschaft in ganz Vorderasien ausbreiten wollten. König Taharka konnte sich lange behaupten, doch schließlich eroberten die Assyrer das Delta und Memphis, und die Äthiopier mussten sich wieder in ihr Reich im Süden zurückziehen.

Die Prinzen des Deltas

– Wurde Ägypten dann zu einer assyrischen Provinz?
– Das nun wiederum auch nicht, denn der mächtige König von Assyrien, Assurbanipal, wollte Ägypten nicht direkt verwalten. Vielmehr betraute er damit eine Fürstenfamilie aus

dem Delta, die nicht gegen ihn gekämpft hatte. So entstand die 26. Dynastie, die »saitisch« genannt wird.
Der Name ist von ihrer im Delta gelegenen Hauptstadt Sais abgeleitet,
dem Sitz der Göttin Neith, die die
Welt durch das Wort erschuf. Fast
hundertfünfzig Jahre lang (672–525
v. Chr.) versuchten die von der
Pracht des Alten Reiches faszinierten
Pharaonen dieser Dynastie, das goldene Zeitalter wieder aufleben zu lassen. Der Wunsch erfüllte sich para-
doxerweise, als Theben im Jahr 663
v. Chr. von den Assyrern geplündert
und die Tempel zerstört wurden. Es
war zwar ein gefährliches Spiel, das
der Pharao Psammetich I. (664–610

v. Chr.) spielte, doch die Assyrer ließen ihn auch diesen Teil
Ägyptens regieren, unter der Bedingung, dass Ägypten den
Frieden bewahrte und kein Aufstand ausbrach. Auf diese
Weise gelang es Psammetich, seine Macht wieder auf beide
Länder auszuweiten.

Das war der Geniestreich der Pharaonen der saitischen
Dynastie: Ursprünglich von den Assyrern, den Feinden und
Zerstörern Ägyptens, eingesetzt, wurden sie nun zu den
Schöpfern einer erneuten Vereinigung Ober- und Unterägyptens und einer relativen Unabhängigkeit, die vor allem
auf intensiven Handelsbeziehungen mit Griechenland und
Kleinasien aufbaute. Die Rückkehr zu den Ursprüngen, das
war das Ideal der saitischen Dynastie, die den sehr alten
Inschriften der Pyramiden zu neuer Ehre verhalf. In Tempeln, Gräbern, Skulpturen setzte sich die Tradition von Memphis aufs Neue fort, und auch der Wohlstand kehrte wieder
zurück. Als das assyrische Reich unterging, konnte der Pharao Nekao II. im Jahr 609 v. Chr. seine Vorherrschaft über

DER KLUGE
PSAMMETICH I.
Der Pharao
Psammetich I.
(26. Dynastie)
bei der Opfer-
zeremonie (British
Museum, London).
Er konnte seine
Macht trotz der
assyrischen Sieger
ausweiten. Die
Kunst dieser Epoche
lehnt sich an den
strengen, asketi-
schen Charakter
der Kunst des
Alten Reiches an.

Palästina und Jerusalem sogar wieder ausweiten. Dann aber setzte der berühmte babylonische König Nebukadnezar den Eroberungsträumen der saitischen Dynastie ein Ende. Die Griechen verrieten ihren Verbündeten Ägypten, und Memphis wurde von der persischen Armee unter Cyrus II. erobert, der aus dem Land der Pharaonen eine seiner Provinzen machte. Die Zeit der 27. Dynastie entspricht dieser ersten persischen Besatzung, die bis zum Jahr 405 v. Chr. dauerte.

Die letzte Zeit der Unabhängigkeit

– Hat es gegen die Eroberer denn gar keinen Widerstand gegeben?, fragte Isidor.
– Erst einmal nicht. Die persischen Besatzer stützten sich auf einige Ägypter, die sich davon Vorteile versprachen. Andererseits konnten einige Würdenträger durch die Zusammenarbeit mit den Besatzern verhindern, dass die Bevölkerung zu hart getroffen wurde. Allerdings waren die Perser auch an der pharaonischen Kultur interessiert. König Darius I. ließ sogar in der Oase von Charga einen prächtigen Amun-Tempel erbauen. Im Jahr 465 v. Chr. machten sich zwar einige ägyptische Prinzen die fehlende Stabilität des persischen Reiches zu Nutze und begannen einen bewaffneten Kampf gegen die Besatzer, hatten jedoch keinen Erfolg. Es geschah aber etwas anderes. Die in Ägypten ansässigen Perser ließen sich immer mehr von dem magischen Zauber des Landes gefangen nehmen. Als Darius II. im Jahr 405 v. Chr. starb,

DER PERSISCHE HERRSCHER DARIUS Die militärische Überlegenheit der Perser ist eine der wichtigsten Ursachen für den Untergang des pharaonischen Ägypten, das den Eindringlingen nicht gewachsen war. Das Mosaik befindet sich im Museo Archeologico, Neapel.

erlaubten die Perser sogar einem Ägypter, Amyrtaios, den Thron zu besteigen. Er gründete die 28. Dynastie und übte als ihr einziger Pharao diese Funktion sechs Jahre lang aus. Zum letzten Mal in seiner Geschichte hatte das Reich der Pharaonen seine Unabhängigkeit wiedergewonnen. Von 405 bis 342 v. Chr., also dreiundsechzig Jahre lang, träumten die drei letzten Dynastien, die 28., 29. und 30., von großem Ruhm. Die Arbeit in den Steinbrüchen begann erneut, Architekten und Bildhauer arbeiteten an zahlreichen Orten zugleich, vor allem aber wieder in Karnak. Auch der Handel blühte von neuem auf. Nektanebos I., der erste König der 30. Dynastie, war ein bemerkenswerter Herrscher. Als begabter Verwalter begann er mehrere Bauvorhaben, vor allem in Philae, und ließ den riesigen ersten Pylon von Karnak errichten. Doch die nächste Gefahr drohte bereits.

Das Ende des alten Ägypten

– Ging diese Bedrohung wieder von den Persern aus?
– Ja. Im Jahr 373 v. Chr. griffen sie zusammen mit den Griechen erneut Ägypten an. Zwei Dinge retteten Nektanebos I. Einmal waren die Verbündeten zerstritten, zum andern wusste das ägyptische Heer das Nilhochwasser zu nutzen, um den Gegner in den Sümpfen des Deltas zu besiegen. Die folgenden dreißig Jahre Frieden waren das letzte Geschenk des Schicksals an das unabhängige Ägypten. Wie eh und je verschönerten die Ägypter ihre Göttertempel, lebten im Rhythmus der Jahreszeiten und versuchten, weiter daran zu glauben, dass der Frieden ewig währen würde. Aber im Herbst 343 v. Chr. fiel der Perser Artaxerxes III. mit hunderttausend Mann in Ägypten ein. Der letzte unabhängige

ALEXANDER DER GROSSE UND DAS EROBERTE ÄGYPTEN
Kopf Alexanders des Großen (Louvre, Paris), der Ägypten von der persischen Besatzung befreite und dem Land das Joch der griechischen Dynastie der Ptolemäer aufbürdete.

Pharao Nektanebos II. musste fliehen, wahrscheinlich nach Nubien.
– Und Ägypten war also wieder nur noch eine bloße Provinz.
– So ungefähr. Es wurde ein zweites Mal von den Persern besetzt. Im Jahr 333 v. Chr. empfing man dann Alexander den Großen wie einen Befreier. Er gründete die griechische Dynastie der Ptolemäer, die ihren Regierungssitz in eine neue Hauptstadt, Alexandria, verlegten. Von 30 v. Chr. bis 395 n. Chr. saßen Römer auf dem Pharaonenthron. In dieser griechisch-römischen Epoche lebte das traditionelle Ägypten weiter. Gemeinschaften von Priestern und Priesterinnen, die sich in die Tempel zurückgezogen hat-

*EIN SCHÖNES
BEISPIEL FÜR DIE
SO GENANNTE
PTOLEMÄER-KUNST
Trotz des »aufge-
weichten« Stils sind
in dieser Zeit viele
Meisterwerke ent-
standen, wie diese
Darbringerin von
Opfergaben (Tem-
pel von Kom Ombo).*

ten, verfassten wichtige Texte, zum Beispiel in Kom Ombo, Edfu und Dendera, den wunderbaren Heiligtümern Oberägyptens. Es war eine Zeit intensiver geistiger Arbeit, wenn auch der Untergang des historischen Ägypten nicht mehr aufzuhalten war. Am Ende des 6. Jahrhunderts n. Chr. setzte die Ausbreitung des Christentums einen Schlussstrich unter die pharaonische Tradition, und die arabische Invasion von 639 n. Chr. führte eine neue Kultur ein, die mit der der Pharaonen nur wenige Gemeinsamkeiten hatte.

Kleopatra und der letzte Traum der Pharaonen

– Und wer war Kleopatra? War sie die letzte Pharaonin Ägyptens?, fragte Susanne.
– In gewisser Hinsicht schon. Die im Jahr 69 v. Chr. geborene Kleopatra war die siebte Prinzessin dieses Namens. Sie hegte noch einmal den pharaonischen Traum, aus Ägypten wieder eine Großmacht zu machen, die über den Orient regierte.
Sie stellte ihren Ehrgeiz, ihren Willen, ihre Bildung und ihren Charme in den Dienst dieses riesigen Projekts. Cäsar war davon angetan, schenkte ihr einen Sohn und lud sie nach Rom ein, wo die »Ägypterin« jedoch sehr unbeliebt war. Nach dem Mord an Cäsar im Jahr 44 v. Chr. kehrte Kleopatra wieder nach Ägypten zurück. Sie behauptete, sie verkörpere die Göttin Isis, und wurde die Geliebte des Römers Marcus Antonius, des neuen Osiris, der von der Königin fasziniert war.
Kleopatra als »weiblicher Horus« hoffte, dank der militärischen Fähigkeiten und der Tapferkeit des Antonius, verlorene Gebiete wieder zurückzugewinnen. Als sie im Jahr 36 v. Chr. versprach, ihn zu heiraten, schien es, als gäbe es wieder ein pharaonisches, wahrhaft ägyptisches Paar, obwohl sie griechischer Abstammung und er Römer war. Da trat ihnen aber ein nicht zu unterschätzender Gegner in den Weg, der kühle, unerbittliche Oktavian, der spätere Kaiser Augustus.

Im Jahr 31 v. Chr. wurden Antonius und Kleopatra in der Schlacht von Actium geschlagen. Daraufhin ließ sich Kleopatra von einer Giftschlange beißen. Die Schlange war ein Symbol für die weibliche Kobra, die früher die Pharaonen beschützte. In einem Land, das den Frauen einen wichtigen Platz einräumte, verkörperte Kleopatra den letzten Traum von Ruhm und Unabhängigkeit des pharaonischen Ägypten, das nunmehr am Ende seines geschichtlichen Abenteuers angelangt war. Geblieben sind Inschriften, Pyramiden, »Häuser von Millionen Jahren« und Residenzen der Ewigkeit.

Still und besonnen gingen Susanne und Isidor durch den Tempel von Philae. Sie dachten an die Gesichter der Pharaonen, die Gesichter dieser Diener Gottes, die den Schwachen vor dem Starken beschützt und Ober- und Unterägypten durch die Regel von Maat zu Wachstum, Leben und Freude verholfen hatten, jene göttliche Regel, die gegen Unordnung, Neid und Hass stand. Als ich sah, wie meine beiden jungen Freunde die Reliefs betrachteten, auf denen sich die Macht des Pharaos mit dem Lächeln der Göttinnen paarte, da wusste ich, dass sie das Reich der »Beiden Länder« niemals vergessen würden.

◁ *KLEOPATRA MIT DEM KLEINEN CÄSARION Diese Darstellung der Kleopatra in Gestalt der Göttin Isis–Hathor stammt aus dem Tempel von Dendera; vor ihr der Sohn, den sie mit Cäsar hatte.*

ANHANG

Die wichtigsten Pharaonen und die Geschichte Altägyptens

	FRÜHZEIT	ALTES REICH	ERSTE ZWISCHENZEIT	MITTLERES REICH	ZWEITE ZWISCHENZEIT
VOR CHRISTUS	3150 *	2690	2180	2060	1785
DIE WICHTIGS-TEN PHARAONEN	**1. Dynastie** Menes, Gründer der Stadt Memphis	**3. bis 5. Dynastie** Djoser Snofru Cheops Chephren Mykerinos Unas **6. Dynastie** Pepi II. Nitokris (erste Pharaonin)	**9. und 10. Dynastie**	**11. Dynastie** (Mentuhotep-Könige, darunter Mentuhotep II.) **12. Dynastie** Amenemhet-Könige (darunter Amenemhet III.) Sesostris-Könige	**13. bis 17. Dynastie**
WICHTIGE EREIGNISSE	Vereinigung von Ober- und Unterägypten	Stufenpyramide von Sakkara Pyramiden von Dahschur Pyramiden von Giseh Sphinx Erste Obelisken Erste Pyramide mit Pyramiden-text Reich geschmückte Privatgräber	Niedergang des Alten Reiches und innere Unruhen	Wiedervereini-gung des Landes Kleinere Pyramiden Große Festungen in Nubien Sieg gegen Libyen und Nubien	Einfall der Hyksos

*Bis zur Spätzeit handelt es sich nur um ungefähre Jahresangaben

NEUES REICH			DRITTE ZWISCHENZEIT	SPÄTZEIT	GRIECHISCHE und PERSISCHE ZEIT	RÖMISCHE ZEIT
1570	1293		1069	715	342	30
18. Dynastie Ahmose Amenophis I. Thutmosis I. Thutmosis II. Hatschepsut Thutmosis III. Amenophis II. Thutmosis IV. Amenophis III. und Teje Echnaton und Nofretete Tutanchamun Haremhab	**19. Dynastie** Ramses I. Sethos I. Ramses II. und Königin Nefertari Merenptah Königin Tausret **20. Dynastie** Ramses III. Ramses IV. bis Ramses XI.		**21. bis 25. Dynastie** Pharaonen libyscher und äthiopischer Herkunft	**26. Dynastie** Saitische Dynastie **27. Dynastie** unter persischer Besatzung (Cyrus II., Darius I., Darius II.) **28. bis 30. Dynastie**	Nektanebos II. (letzter Pharao vor der zweiten persischen Eroberung) Alexander der Große Ptolemaios I.	Kleopatra und Antonius
Theben ist Hauptstadt Große Feldzüge in Asien, Syrien, Palästina, Nubien Tempel von Der el-Bahri Kolossalstatuen von Memnon Geschmückte Gräber im Tal der Könige, Königinnen und Privatgräber Tempel von Luxor und Karnak	Krieg gegen die Hethiter und von Ramses II. geschlossener Friedensvertrag Bedrohung durch die Libyer im Westen Invasionsversuch der »Seevölker« Tempel von Abydos, Abu Simbel, Ramesseum und Medinet Habu		Ende des Neuen Reiches Teilung Ägyptens zwischen Süden und Norden	Die Assyrer erobern das Delta und plündern Theben im Jahr 663 v. Chr. Persische Eroberung	2. Persische Eroberung (Artaxerxes III.) Alexander der Große schlägt die Perser im Jahr 333 v. Chr. und gründet Alexandria	Im Jahr 31 v. Chr. Schlacht von Actium: Antonius und Kleopatra werden besiegt

Glossar

Abydos. Stadt in Oberägypten, wichtigste Kultstätte des Osiris

Ägyptologe. Archäologe, der sich mit der ägyptischen Antike beschäftigt

Assuan. Stadt in Oberägypten, unweit des ersten Kataraktes und des ersten Nilstaudamms gelegen

Der el-Medine. Ort, wo sich das Dorf der Handwerker befand, die die Gräber im Tal der Könige anlegten und ausschmückten

Elephantine. Insel im Nil, in Oberägypten vor Assuan gelegen

Erneuerung. Wiedererstarkung des Lebens

Exodus. Auszug der Israeliten aus Ägypten; einige Ägyptologen datieren ihn unter der Herrschaft von Ramses II. (ca. 1300 – ca. 1235 v. Chr.).

Feluke. Kleines Segelboot, dessen beide Masten nach vorn geneigt sind

Harem. Wirtschaftliche Einrichtung Ägyptens, die auch kulturellen Zwecken diente

Heliopolis. Stadt in Unterägypten, in der die Sonne verehrt wurde (die Götter Re und Atum)

Hieroglyphen. Heilige Buchstaben der alten ägyptischen Schrift, die sowohl Laute als auch Buchstaben und Symbole darstellen. Sie wurden für offizielle Inschriften auf Bauwerken verwendet.

Kanope. Behälter mit den Eingeweiden des Toten, auf dessen Deckel ein Schakal-, Falken-, Menschen- oder Affenkopf abgebildet ist

Kapitell. Oberer breiterer Teil einer Säule, der mit Ausschmückungen versehen wird

Karnak. Verschiedenen Göttern geweihte Tempelanlage in West-Theben, von denen der wichtigste Amun-Re, der »König der Götter«, war

Katarakt. Anhäufung von Steinen im Nil, die den Wasserfluss aufhalten

Königsring (Kartusche). Kleine ovale Einfassung, in der die Pharaonennamen stehen

Lebenshaus. Tempelanbau, in dem Kultbücher studiert und die Priester ausgebildet wurden

Luxor. Amun-Min geweihter Tempel in Ost-Theben, der mit Karnak über eine Sphinxenallee verbunden ist

Mastaba. Arabisches Wort, das die Gräber von Würdenträgern bezeichnet, die um die Pyramiden gelegen sind und die Gemeinschaft der Getreuen, die dem Pharao während seiner Herrschaft gedient haben, ins Jenseits führen

Memphis. 30 km südlich von Kairo gelegene Stadt, an der Grenze zwischen Ober- und Unterägypten, Hauptstadt des Alten Reiches

Mumie. Leiche, die von allen Eingeweiden befreit, dann getrocknet, eingerieben und eingebunden wurde, um sie zu konservieren

Mumifizierung. Vorgang, bei dem eine Leiche sich in Osiris verwandelt

Naos. Heiliger Schrein in einem Tempel, in dem sich die Gottheitsstatue befindet

Nekropole. Totenstadt, die verschieden große Gräber umfasst (von der Pyramide bis zur einfachen Kapelle), von den Ägyptern »Haus der Ewigkeit« genannt

Oase. Ort in der Wüste, an dem Wasser vorhanden und der deshalb bewachsen ist

Obelisk. Vierseitige, in eine pyramidenförmige Spitze auslaufende Steinsäule, die einen Sonnenstrahl darstellt

Papyrus. Pflanze, die am Ufer des Nils wächst und deren Stiele man übereinander legte und presste, um damit eine Schreibunterlage herzustellen, die üblicherweise zusammengerollt aufbewahrt wurde

Pfeilergang. Galerie oder Durchgang, der von zwei Säulenreihen oder einer Mauer und einer Säulenreihe gestützt wird

Pharao. König im alten Ägypten

Pylon. Massiver Doppelbau, der das Eingangstor der ägyptischen Tempel umschließt

Pyramide. Großes Bauwerk mit viereckiger Basis und vier dreieckigen Seiten; diente den Pharaonen als Grab

Relief. Plastik, die nicht frei im Raum steht, sondern an eine Fläche gebunden ist, von der sie sich leicht abhebt

Rosetta. Stadt in Unterägypten. Dort wurde eine Stele entdeckt (die »Stein von Rosetta« genannt wird), auf der Inschriften in drei verschiedenen Schriften stehen (Hieroglyphen, Demotisch und Griechisch). Mit ihrer Hilfe konnte Jean-François Champollion die Hieroglyphen entziffern.

Sais. Stadt in Unterägypten, die der Göttin Neith geweiht ist

Sarkophag. Stein- oder Holzsarg

Säulensaal. Saal, dessen Decke von Säulen gehalten wird (Beispiel: der Säulensaal von Karnak)

Schreiber. Person, die mit der Hand Texte schreibt oder kopiert

Sphinx. Statue eines sitzenden Löwen mit Pharaonenkopf. Die größte Sphinx bewacht das Pyramidenfeld von Giseh.

Stele. Stein- oder Holzmonument, dessen Inschriften und Darstellungen das Überleben seines Besitzers gewährleisten

Streitwagentruppe. Elitestreitkraft des ägyptischen Heeres im Neuen Reich, die von zwei Pferden gezogene Streitwagen benutzte

Tal der Könige. Anlage in Theben-West, in der sich die Gräber der Pharaonen der 18., 19. und 20. Dynastie befinden

Tanis. Stadt im Delta, Hauptstadt der 21. und 22. Dynastie

Theben. Stadt in Oberägypten, Stadt des Königs Amun und Hauptstadt des Neuen Reiches. Auf der Ostseite des Nils befinden sich Karnak und Luxor; auf der Westseite die Täler der Könige, Königinnen und die Privatgräber sowie die »Häuser von Millionen Jahren«.

Uräus. Darstellung einer weiblichen Kobra, die die Krone schmückt, um Pharaonen vor Gegnern zu schützen

Wesir. Höchster Würdenträger der pharaonischen Verwaltung. Im Neuen Reich gab es zwei Wesire, einen im Norden in Memphis und einen im Süden in Theben.

Die wichtigsten Gottheiten

Amun: »Verborgener Gott«, schöpferischer Gott, wichtiger Gott des Neuen Reiches, der in Theben verehrt wurde

Aton: Die Sonnenscheibe darstellender Gott, dessen Verehrung von Echnaton eingeführt wurde

Chepri: Gott in Gestalt eines Skarabäus, der eine Ansicht des Sonnengottes Re darstellt, nämlich die aufgehende Sonne, Symbol für den ewigen Neuanfang

Chnum: Gott mit Widderkopf, der die Welt und die Geschöpfe auf seiner Töpferscheibe herstellt

Hapi: Gott des Hochwassers und der Fruchtbarkeit, in Gestalt eines dicklichen Mannes mit großen Brüsten dargestellt

Hathor: Göttin des Himmels und der Sterne, Herrscherin über Liebe und Frohsinn

Horus: Über Unterägypten herrschender Falkengott, der das Königtum beschützt

Isis: Göttin, die das Geheimnis des ewigen Lebens kennt, Zauberin, Gemahlin von Osiris

Maat: Göttin der Gerechtigkeit, Wahrheit und der ewigen Ordnung des Universums

Osiris: Toter und auferstandener Leben spendender Gott

Re: Sonnengott

Seth: Gott mit Hundekopf, Herrscher über Unwetter und kosmische Störungen, Bruder von Osiris und Herrscher über Oberägypten

Thot: Gott mit dem Kopf eines Ibisses (Vogel mit einem langen, schmalen und gebogenen Schnabel) oder Pavians (großer Affe), Meister aller Wissenschaften

Bildnachweis

7 Ägyptisches Museum, Kairo / Artéphot

9 Explorer; 10 Ramses-Institut; 11 Ägyptisches Museum, Kairo / G. Dagli Orti; 12 Ramses-Institut; 14 Ramses-Institut; 15 Ramses-Institut; 16 (oben) Louvre, Paris / G. Dagli Orti; 16 (unten) British Museum / Edimedia; 17 Magnum; 19 Ramses-Institut

21 Ägyptisches Museum, Kairo / G. Dagli Orti; 23 G. Dagli Orti; 25 Artéphot; 26 Ramses-Institut; 27 (oben) Artéphot; 27 (unten) Louvre, Paris / Giraudon; 28 Ramses-Institut; 29 Ashmolean Museum, Oxford / Artéphot; 30 Ramses-Institut; 31 Ramses-Institut; 32 (ganz links) Louvre, Paris / H. Josse; 32 (oben rechts) Ashmolean Museum, Oxford / Artéphot; 32 (mitte) Ägyptisches Museum, Kairo / G. Dagli Orti; 32 (unten) G. Dagli Orti; 33 (oben links) Ägyptisches Museum, Kairo / G. Dagli Orti; 33 (rechts) British Museum / Edimedia; 33 (unten) Ägyptisches Museum, Kairo / G. Dagli Orti

36 Ägyptisches Museum, Kairo / G. Dagli Orti; 37 Louvre, Paris / Artéphot; 38 (oben) Ramses-Institut; 38 (unten) Ägyptisches Museum, Kairo / G. Dagli Orti; 40 Museo Egizio, Turin / G. Dagli Orti; 41 Ramses-Institut

44 Ägyptisches Museum, Kairo / Artéphot; 45 Ägyptisches Museum, Kairo / G. Dagli Orti; 46 Edimedia; 47 Ramses-Institut; 48 Ramses-Institut; 49 Ramses-Institut; 51 Ramses-Institut; 52 (oben) Ägyptisches Museum, Kairo / Magnum; 52 (unten) Ramses-Institut; 53 Museo Egizio, Turin / Artéphot; 54 Ägyptisches Museum, Kairo / G. Dagli Orti; 55 (oben) Museo Egizio, Turin / Artéphot; 55 (unten) Rapho; 56 Artéphot; 57 Ramses-Institut; 58 (oben) Ägyptisches Museum, Kairo / Rapho; 58 (unten) Giraudon; 59 British Museum / Edimedia

62 Ramses-Institut; 63 Ägyptisches Museum, Kairo / G. Dagli Orti; 64 Ägyptisches Museum, Kairo / G. Dagli Orti; 65 (oben) Rapho; 65 (unten) Ramses-Institut; 67 Ramses-Institut; 68 Ägyptisches Museum, Kairo / G. Dagli Orti; 69 Artéphot

Register

Zur besseren Übersichtlichkeit sind Ortsnamen *kursiv* gesetzt.

Inhalt